Empreender é a Questão

Alfredo Braga Furtado

2018

Alfredo Braga Furtado

EMPREENDER É A QUESTÃO

Belém-Pará-Brasil
Edição do Autor
2018

Copyright © 2018, Alfredo Braga Furtado
Direitos desta edição reservados a Alfredo Braga Furtado
Printed in Brazil/Impresso no Brasil

Projeto Gráfico: Alfredo Braga Furtado
Capa: Manoel J. Silva Neto
Editoração Eletrônica: Alfredo Braga Furtado
Revisão: Fernando Allan Delgado Furtado.

Furtado, Alfredo. 1955-
Empreender é a Questão /Alfredo Braga Furtado.
Belém: abfurtado.com.br, 2018, 155p.
ISBN: 978-85-913473-9-1.

    1. Empreendedorismo. 2. Visão de futuro. 3. Plano de negócio. I. Título.

                                                CDD-658.11

Alfredo Braga Furtado (foto by Cláudia Santo).

SOBRE O AUTOR DESTA OBRA:

Alfredo Braga Furtado é doutor em Educação Matemática (Modelagem Matemática) pelo Instituto de Educação Matemática e Científica (IEMCI) da UFPA; possui mestrado em Informática pela PUC/RJ e especialização em Informática pela UFPA. Aposentou-se como professor associado da Faculdade de Computação do Instituto de Ciências Exatas e Naturais da UFPA. É escritor. Foi analista de sistemas da UFPA de 1976 a 1995. Foi professor da UFPA de 20/08/1978 a 21/02/2018.

Contatos: abf@ufpa.br, abf2000@uol.com.br, www.abfurtado.com.br.

LANÇAMENTOS EM JULHO/2018:

01) 2018: "*Elementos de Didática da Computação*"; ISBN: 978-85-913473-8-4; o livro apresenta elementos de Didática voltados para o desenvolvimento de habilidades e de competências exigidas nas profissões da área de computação; além da aula expositiva, descreve dezoito métodos ou técnicas de ensino que o professor de computação pode utilizar;

02) 2018: "*Para Ensinar Melhor*"; ISBN: 978-85-455122-2-6; o livro contém notas curtas que abordam tópicos de didática, docência superior, experiência didática;

03) 2018: "*Outros Casos e Percepções*"; ISBN: 978-85-455122-0-2; o livro é uma continuação do livro "Casos e Percepções de um Professor", publicado em 2016; contém crônicas escritas em 2017;

04) 2018: "*Um Pouco da Minha Vida: Novos Casos e Percepções*"; ISBN: 978-85-455122-1-9; o livro é uma continuação do livro "Casos e Percepções de um Professor", publicado em 2016; contém crônicas escritas em 2018;

05) 2018: "*Empreender é a Questão*"; ISBN: 978-85-913473-9-1; o livro apresenta elementos para o empreendedorismo, abordando os principais conceitos de interesse de quem pretende empreender.

LIVROS MAIS RECENTES LANÇADOS:

08) 2017: "*Como Escrever Artigos Científicos, Dissertações e Teses*"; ISBN. 978-85-913473-7-7; o livro mostra como estruturar artigo acadêmico (seção a seção), dissertação ou tese, capítulo a capítulo; como evitar plágio; apresenta erros mais comuns de redação cometidos pelos estudantes;

09) 2017: "*Como Escrever Trabalhos de Conclusão de Curso (Graduação)*"; ISBN: 978-85-913473-7-7; o livro mostra como estruturar TCC, capítulo a capítulo; como evitar plágio; apresenta erros mais comuns de redação cometidos pelos estudantes;

10) 2017: Adilson O. Espírito Santo; Alfredo Braga Furtado; Ednilson Sergio R. Souza (org.). "*Modelagem na Educação Matemática e Científica: Práticas e Análises*". Belém: Açaí, 2017; ISBN: 978-85-6158-108-4; contém artigos produzidos pelos participantes do Grupo de Estudos em Modelagem Matemática (GEMM do PPGECM do IEMCI da UFPA) em 2016;

11) 2016: "*Tópicos de Modelagem Matemática*" (com Manoel J. S. Neto); ISBN: 978-85-913473-4-6; contém tópicos constantes das teses dos autores;

12) 2016: "*Casos e Percepções de um Professor*" (livro de crônicas; contém casos engraçados ou que levam a aprendizagem para a vida; contém percepções do autor); ISBN: 978-85-913473-5-3;

13) 2015: "*Questões de Concursos Públicos para Analistas de Sistemas*"; ISBN: 978-85-913473-2-2; preparatório para concurso público – contém mais de 300 questões de concursos públicos, com respostas e comentários, sobre os assuntos que constam dos programas de concursos para analistas de sistemas (assuntos das questões: engenharia de software, bancos de dados, redes de computadores, etc.); a maior parte das mais de 300 questões que constam do livro foi elaborada por mim mesmo para concursos públicos reais, de cujas bancas elaboradoras participei nos últimos anos; a propósito, com a publicação do livro, decidi não mais participar destas bancas; além das questões próprias, incluí também umas poucas questões do ENADE (Exame Nacional de Desempenho) realizado pelo INEP/MEC e do POSCOMP (Sociedade Brasileira de Computação);

14) 2015: "*A Volta da Tartaruga Sapeca*" (livro infantil); ISBN: 978-85-913473-3-9;

15) 2013: "*Curso de Construção de Algoritmos (com Java)*" (com Valmir Vasconcelos); ISBN: 978-85-913473-1-5; todos os algoritmos construídos ao longo do livro são codificados em Java;

16) 2012: "*A Tartaruga Sapeca*" (livro infantil): ISBN: 978-85-913473-0-8;

17) 2010: "*Prática de Análise e Projeto de Sistemas*" (com Júlio Valente da Costa Júnior); ISBN: 978-85-61586-15-7; apresenta, em 496 páginas, conteúdo básico sobre engenharia de software (com UML); no fim de cada capítulo, lista de exercícios (incluindo questões do ENADE e do POSCOMP) com respostas.

18) 2009: "*Páginas Recolhidas: Política, Educação, Administração, Artigos, Valores, Crônicas e outros temas*"; ISBN: 978-85-61586-08-9; crônicas sobre vários assuntos são reunidas no livro.

APRESENTAÇÃO

> "A preguiça e a covardia são as causas pelas quais uma parte tão grande dos homens (...) compraz-se em permanecer, por toda sua vida, menores; e é por isso que é tão fácil a outros instituírem-se seus tutores".
> (Immanuel Kant, filósofo prussiano, 1724-1804)

> "Empreendedores são aqueles que entendem que há uma pequena diferença entre obstáculos e oportunidades e são capazes de transformar ambos em vantagem".
> (Nicolau Maquiavel, historiador italiano, 1469-1527)

> "Não se gerencia o que não se mede, não se mede o que não se define, não se define o que não se entende, não há sucesso no que não se gerencia".
> (William Edwards Deming, estatístico, professor e consultor americano, 1900-1993)

Este livro foi preparado para servir de texto básico para disciplinas como "Empreendedorismo em Informática", constante do currículo de cursos como Bacharelado em Sistemas de Informação e Bacharelado em Ciência da Computação.

Já há algum tempo é perceptível redução de postos de trabalho, de sorte que a possibilidade de o profissional formado ter dificuldade de colocar-se no mercado como empregado exige que ele seja treinado para encarar outra opção: ser empreendedor, criar seu próprio trabalho, para garantir sua remuneração. Esta proposta prevalece hoje, até com mais força. Daí porque o aluno deve dar grande importância a ela.

Este livro aborda os conceitos formadores do empreendedor. Estes conceitos são identificados, definidos, mas, por questão de escopo, não são esmiuçados neste livro. O leitor pode explorar as referências citadas atrás do detalhamento que julgar necessário.

A trajetória do interessado em colocar-se como empreendedor é longa: precisa preparar-se pessoalmente com o domínio do conhecimento necessário à função, ao mesmo tempo, em que concebe e constrói o produto ou o serviço que viabilizem o empreendimento, e produz o plano para obtenção de recursos de financiamento do negócio. A busca de conhecimento a respeito de administração de negócios, de gestão de recursos humanos, de marketing, de estratégias para melhoria de qualidade passa a ser assunto de interesse do candidato a empreendedor. A jornada é longa. Muitos obstáculos precisam ser transpostos. Aqui um conceito fundamental para o empreendedor é o de visão de futuro: sem ele, o sonho de empreender pode ficar pelo meio do caminho.

Um pensamento que deve nortear os esforços do empreendedor é a atenção às necessidades do mercado em que atua. Dentre estas necessidades pode estar aquela que vai dar origem ao negócio, seja para atendimento como autônomo, seja por meio de empresa formalizada.

Como este livro foi concebido para constituir texto de apoio à de disciplina de ensino de empreendedorismo, algumas questões são apresentadas como tarefas para os estudantes desenvolverem ou para discussão em sala. Por exemplo, nesta linha, uma questão que pode ser dada até como de prova logo no início, para haver bastante tempo para reflexão dos estudantes: "Como se pode avaliar que é o momento certo de desfazer-se de um negócio estabelecido?" A questão permite avaliar a sustentabilidade de um negócio, e é preparatória para uma decisão que o empreendedor precisa tomar toda vez que perceber que mudança de rota é exigida para garantir sua continuação.

Belém (Pará-Brasil), 07 de julho de 2018.
Alfredo Braga Furtado.

Apresentação
SUMÁRIO

1. MOTIVAÇÃO PARA O EMPREENDEDORISMO........................ 15
1.1 Leitura e Reflexão 1 – *"Empreendedorismo para universitários"*... 17
1.2 Leitura e Reflexão 2 – *"Empreendedorismo é a palavra de ordem!"* 21
1.3 Empreendedorismo e desenvolvimento econômico...................... 24
1.4 Comportamento empreendedor nas organizações........................ 25
1.5 Criação de ambiente favorável ao empreendedorismo................. 26
1.6 Inovação – imperativo organizacional.. 27
1.7 Transformação do mercado de trabalho... 27
1.8 Leitura e Reflexão 3 – *"A Saída para os Profissionais de Computação"*.. 28

2. VISÃO DE FUTURO.. 30
2.1 Características da Visão de Futuro... 32
2.2 Missão, Princípios e Visão de Futuro... 34
    Missão Institucional da UFPA 35
    Princípios da UFPA 35
    Visão de Futuro da UFPA 37
2.3 Questões... 39
2.4 Leitura e Reflexão 4 – *"Viajar sempre!"*... 39

3. PARADIGMA 41
3.1 Leitura e Reflexão 5 – *"Pergunta para o início do dia de trabalho"*. 45
3.2 Leitura e Reflexão 6 – *"Frases sobre mudança"* 45
3.3 Tarefa 46
3.4 Leitura e Reflexão 7 – *"Rápidas Impressões de Genebra"*............. 46
3.5 Questões para Reflexão 47
3.6 Questões com Respostas 48

4. CRIATIVIDADE 50
4.1 Exercícios de criatividade... 52

5. AS RELAÇÕES ("NETWORKING") 55
5.1 Leitura e Reflexão 8 – *"A Antipatia Gratuita"*................................. 58
5.2 Perguntas a respeito do texto acima.. 60

6. NICHOS DE MERCADO 61
6.1 Questões 62

7. NOVOS NEGÓCIOS – CAUSAS DE FRACASSO 63
7.1 Causas do fracasso de novos negócios 63
7.2 Questões com Respostas.. 66

8. ASPECTOS FACILITADORES OU DETERMINANTES DE SUCESSO EM NEGÓCIOS 69
8.1 Qualidade Total... 70
8.2 Leitura e Reflexão 9 – *"O Desafio da Excelência da Qualidade de Produtos e Serviços Oferecidos"*.. 71
8.3 Leitura e Reflexão 10 – *"Os Dez Princípios da Qualidade"* 74
8.4 Marketing 76
8.5 Leitura e Reflexão 11 – *"Erro é para Aprender"* 78

9. PLANO DE NEGÓCIO.. 83
9.1 Plano de Negócio Simplificado... 85
9.2 Explicação acerca dos Itens do Formulário 90

10. O EMPREENDEDOR E O EMPRESÁRIO....................................... 92
10.1 Empreendedor 92
10.2 Habilidades do Empreendedor 92
10.3 Empresário 93
10.4 Atividade 94

11. A EMPRESA E SEUS OBJETIVOS... 95
11.1 Classificação das Empresas pelo Porte...................................... 95
11.2 Empresa de Sucesso 96
11.3 Tipos de Empresas... 97
11.4 Classificação de Empresas por Setor de Atuação 99
11.5 Importâncias das Microempresas 99
11.6 Organização da Empresa 99
    Processos de Organização 100
    Funções da Empresa 100
    Criação de Departamentos e Definição de Responsabilidades . 100
11.7 Estrutura Organizacional 101
    Estruturas Complexas 101
    Empresas com Estrutura Funcional 101
    Quadro 1. Organizações Funcionais 102
    Empresas com Estrutura de Matriz 102
    Estrutura de Matriz Fraca 102
    Estrutura de Matriz Balanceada (Mista) 103
    Estrutura de Matriz Forte 103
    Quadro 2. Comparação das Estruturas Matriciais 104

Estrutura por Projeto 104
11.8 Uma Nota à Margem 105
11.9 Atividade-fim e Atividade-meio 107
11.10 Questões para Discussão 108

12. EDUCAÇÃO FINANCEIRA.. **109**
12.1 Leitura e Reflexão 12 – *"Como Ficar Rico?"* 113
12.2 Leitura e Reflexão 13 – *"Caseiro Locador"* 114
12.3 A Importância da Poupança 116
12.4 Leitura e Reflexão 14 – *"Sacrifício para o Luxo dos Vizinhos"*.. 116
12.5 Hierarquia de Liquidez de Ativos 118
12.6 Variação das Principais Aplicações – Janeiro a Dezembro de 2016 120
Quadro 3. Acumulação da Poupança por um Ano 122
12.7 Questão com Resposta 123

13. PONTOS DE LEGISLAÇÃO TRABALHISTA........................... **124**
13.1 Custo do Trabalhador Brasileiro 124
13.2 Reforma Trabalhista de 2017 124

14. LUCRO E RENTABILIDADE DE UM NEGÓCIO **128**
14.1 Lucro 128
14.2 Lucratividade 128
14.3 Rentabilidade 128

15. STARTUP **130**
15.1 Características das Startups.. 130
15.2 Exigências do Modelo Startup... 131
15.3 Definição de Startup 132
15.4 Startups e Aplicativos Móveis 132
15.5 Startups Brasileiras de Sucesso 133

16. EMPRESA JÚNIOR **134**
16.1 Missão da Empresa Júnior 134
16.2 Objetivos da Empresa Júnior 134
16.3 Lei nº 13.267, de 06/4/2016 135

CONCLUSÃO **137**

REFERÊNCIAS **138**

Questões Finais 142

Apêndice A – Minuta de Contrato de Prestação de Serviço de
　　　　　　Suporte de Software 149

Apêndice B – Minuta de Contrato de Licença de Uso e Prestação
　　　　　　de Serviços de Software... 152

1. MOTIVAÇÃO PARA O EMPREENDEDORISMO

Qual é a principal razão para que um profissional cogite tornar-se um empreendedor? A principal é de natureza pessoal: pela realização que a criação e a consolidação de um negócio e, por consequência, de uma empresa podem proporcionar, oferecendo oportunidades de trabalho e de remuneração para si e para terceiros (seus colaboradores), e contribuindo com o mercado onde atua com seus produtos e serviços.

Outra razão é decorrência da própria realidade: a cultura do emprego tem sido abalada ao longo dos anos com, cada vez mais, redução de postos de trabalho. A globalização, a forte competição, os avanços tecnológicos, a automação de processos empresariais e fabris, o esforço para redução de custos nas empresas com processos de reestruturação organizacional que passam por *downsizing*[1] e terceirização[2], têm levado à redução do número de empregos.

De outro lado, novas funções são criadas, outras são eliminadas em razão de processos de automação ou de reengenharia de negócio (Minarelli, 2001). Com respeito à automação, basta verificar o que ocorreu com os postos de trabalho na área bancária. A propósito, leia o texto da Seção 1.8 adiante, em que comento o que está acontecendo com os cargos da área de computação e da área de administração neste sentido.

Portanto, a perspectiva de emprego não pode constituir-se na única alternativa para realização pessoal e para garantir a remuneração do profissional. Urge que ele se qualifique para atuar como solucionador de problemas na sua área, ou até como autônomo. Assim, ele melhora sua empregabilidade – capacidade ou possibili-

---

[1] Downsizing – enxugamento dos níveis organizacionais, em busca de racionalização de processos e redução de custos operacionais.
[2] Terceirização – processo de entregar para terceiros a execução de operações próprias da empresa.

dade de conseguir emprego ou manter-se nele de alguma forma, mesmo como autônomo. Basta identificar problemas que pessoas e empresas tenham, mas que não conseguem resolver diretamente, por falta de interesse ou know-how. Assumindo-os, pode não haver emprego, mas há trabalho a ser remunerado.

Procurar identificar uma área específica de atuação, em que haja carência de profissionais especializados, ou identificar produto ou serviço que seja demandado por parcela significativa de pessoas e de empresas que atuem em dado mercado: isto pode ser o ponto de partida para concretizar o objetivo de tornar-se empreendedor.

Esta atenção permanente às condições do mercado de trabalho onde vai atuar permite que o profissional, bem mais cedo, identifique o caminho da sua vida e, por ter feito esta descoberta, possa ampliar a chance de sucesso. E isto acaba por nortear a sua trajetória durante o curso superior, facilitando as escolhas que precisa fazer.

Nos capítulos seguintes apresentamos conceitos relevantes que constituem a base para a atuação do profissional que pretende empreender. A mudança da perspectiva de vida de empregado para a de empreendedor exige aprendizado constante, a partir dos elementos listados em seguida. Estes conceitos fornecem elementos basilares para a colocação como empreendedor, como também para permanecer nesta condição. Por isso, recomendo a leitura do que segue.

Àqueles que desejam manter-se como empregados – com as garantias que a condição oferece, mas também com suas limitações – por que não pôr um pé também em atividade empreendedora? Sugiro alternativas para isto: seja pela elaboração de um livro sobre alguma área de domínio, seja pela preparação de cursos que possam ministrar acerca destes assuntos, seja pela elaboração de software para necessidade reclamada pelo mercado, seja por se colocar como palestrante, seja por ser profissional capaz de resolver tais e tais problemas que sejam demandados por pessoas próximas ou por empresas. A linha de pensamento expressa é de evitar a acomodação às situações, tentar sair do conforto em que, às vezes, a pessoa se coloca profissionalmente e que leva, quase sempre, à desconexão com a realidade.

Khan (2013) cita aspectos da cultura americana que tornam o solo do país fértil às iniciativas empreendedoras e em que outros países deveriam mirar-se:

– Valorização da criatividade;

– Ênfase no empreendedorismo;

– Cultivo do otimismo como regra de vida;

– Disponibilidade de capital para quem deseja arriscar.

1.1 LEITURA E REFLEXÃO 1

O texto a seguir apresenta argumentos para o universitário cogitar direcionar sua atuação para a área de negócios, para habilitar-se a atuar como empreendedor. Extraído e adaptado de meu livro *"Páginas Recolhidas: Política, Educação, Administração, Artigos, Valores, Crônicas e Outros Temas".* Belém: abfurtado.com.br, 2009, p. 87-90. Leia!

EMPREENDEDORISMO PARA UNIVERSITÁRIOS

> *"Não são os mais fortes que sobrevivem; são os que mudam"*
> *(Charles Darwin)*

Tomando como ponto de partida a frase emblemática de Darwin em epígrafe e aplicando-a ao gênero humano, pode-se afirmar que o passo inicial para a mudança é a leitura correta da realidade.

Vivemos uma era de grandes transformações. É o que podemos dizer deste fim da segunda década do terceiro milênio. A percepção da necessidade de mudanças é o ponto de partida para o profissional, em qualquer área de atuação, ajustar-se e conseguir manter-se no ápice com segurança. Quanto maior a capacidade de percepção deste fato inevitável (a necessidade de mudança), mais cedo o caminho do futuro poderá ser tomado e trilhado.

Como estes caminhos podem ser percebidos? De muitas formas: por leitura (crítica) de jornais, de revistas, de livros, pela assistência de filmes, por viagens, por cursos, pela internet, dentre outras. Há, portanto, várias alternativas a partir de onde se pode seguir para o confronto com a realidade presente, e daí, exigir-se e impor-se mudança de encaminhamento na vida.

Alguém pode ter sua atenção despertada por passagem de um filme, para algo útil no seu cotidiano; para outros, isto pode dar-se por meio de um artigo de revista semanal, pela leitura de um jornal, por uma cena na televisão. Em qualquer que seja o mundo em que estejamos inseridos, isto pode acontecer.

Todos os universitários já devem ter percebido (ou devem ter lido) que o número de empregos disponíveis reduz-se a cada ano. O número de postos de trabalho reduz-se acentuadamente. Atenção! Isto é universal: não vale somente para a área A ou B. É regra geral.

É certo também que há ocupações que simplesmente deixam de existir e que outras aparecem num processo dinâmico e irreversível.

Outras são renovadas ou mesmo criadas para o novo ambiente das empresas. Isto não para de ocorrer.

As Instituições de Ensino Superior (IES), não fossem estruturas pesadas, de movimentos lentos, promoveriam com regularidade a renovação de seu catálogo de cursos. Uns desapareceriam para dar lugar a outros, num processo contínuo e ininterrupto. Mas, infelizmente, não ocorre assim.

De outra parte, as IESs deveriam sempre estar atentas para garantir a capacitação de seus alunos para encontrar uma ocupação na sua área de atuação ou fazer a migração necessária para outra com presteza.

Uma possibilidade real que se apresenta para o universitário é orientar sua trajetória durante o curso para tornar-se empreendedor. Como isto pode ser feito? De várias formas. A partir até de sua condição de calouro, ao aproximar-se da empresa júnior de seu curso. Se o curso não dispuser de uma, ele pode tratar de mobilizar colegas para criá-la. Em qualquer que seja o caso (existência ou não da empresa) será um excelente ponto de partida de sua carreira de empreendedor.

Buscar aproximação com a área de negócios na sua área de atuação é fundamental nesta fase. Fazer cursos básicos nas áreas de pessoal, material, marketing, na área de empreendedorismo. O aprendizado de conceitos básicos da área de administração deve correr em paralelo com a busca de excelência na área tecnológica. Ou seja, o universitário (futuro empreendedor) deve buscar alcançar duplo objetivo: qualificar-se na área empresarial e na área de seu curso. À medida que avança nas disciplinas de seu curso, sua atenção não pode afastar-se da busca de descobrir nichos de mercado para aproveitamento. Chama-se nicho de mercado ao espaço disponível ou, ocasionalmente ora ocupado, mas que apresenta uma oportunidade viável de realização de negócios, pela insatisfação dos clientes com os serviços ou os produtos oferecidos presentemente pela concorrência instalada. Como será visto adiante, deve-se procurar garantir toda chance de sucesso possível a um novo negócio. A escolha do que fazer é primordial. Um negócio novo é uma planta tenra, que se deve tratar com muito cuidado.

Quando a planta se fortalecer, os cuidados do início podem ser paulatinamente retirados. Por isso, nesta fase de começo, é contraproducente defrontar-se com uma concorrência acirrada. A chance de sucesso reduz-se muito. É apropriado que não haja concorrentes ou que, então, os concorrentes não vejam como prioritária esta fatia do mercado. Este é o caso de nichos de mercado que o empreendedor preferencialmente deve identificar. Eventualmente alguém o ocupa, mas pode não ser seu objetivo principal. Esta circunstância é bastante favorável ao novel empreendedor.

No contexto deste livro, presume-se que será proposto um produto ou serviço inexistente para a partida da empresa. O primeiro passo, então, é descobrir o que fazer: que produto ou serviço conceber para atender uma necessidade real de clientes reais na cidade, no estado, no país em que vivemos. Começa-se pela formatação de produto/serviço para atender um cliente próximo, alcançável, visível, real. É certo que o negócio escolhido deve ter bom potencial de crescimento, dependendo da escala: inicialmente, pensa-se no mercado de nossa cidade, amplia-se para alcançar todo o estado; amplia-se depois para a região; depois para outra região; então, para a escala de país, etc. Se não for possível esta visão escalar, o negócio não apresenta o espectro de possibilidade desejável. Seu esgotamento será muito rápido.

O pressuposto aqui é, consolidado um produto/serviço, a busca de outro(s) é imediata. A empresa será mais forte quando dispuser de mais de um produto/serviço a oferecer. Quanto mais produtos/serviços de excelente qualidade constar de seu catálogo, mais fortalecida ela será. Não é interessante ter muitos produtos/serviços, se eles não primarem pela excelência da qualidade. A empresa não terá destaque, não ampliará seu número de clientes, não terá crescimento sustentável.

O universitário que optar por este caminho pode orientar suas escolhas sempre em busca de ampliar conhecimentos na área de negócios e na área técnica em que deseja atuar. Cito como exemplo de postura apropriada a de um aluno que, antes de iniciar o curso de Ciência da Computação da UFPA já atuava na área de jogos. Ao cursar "Empreendedorismo em Informática", propôs no seu plano de negócio atuação nesta área. Quando instado a desenvolver um trabalho em disciplinas propunha sempre aprimorar seus jogos. Quando um seminário do curso era realizado, apresentava-se para ministrar curso ou palestra acerca do assunto. Ou seja, ele aproveitava sempre que possível sua trajetória na universidade para enriquecer seus conhecimentos na área de jogos, e também para qualificar-se na administração de negócios. O alvo em vista no futuro: tornar-se empresário. Não surpreendeu que, no fim do curso, estivesse com uma empresa pronta para estabelecer-se.

Como conclusão: ao invés de cavar um novo poço a cada dia (como muitos erradamente insistem em fazer), este aluno investia na perfuração do mesmo poço; assim, com a obstinação do trabalho diário e com foco, sem desperdiçar esforços, concluiu seu trabalho mais cedo, chegou à água mais rapidamente.

1.2 LEITURA E REFLEXÃO 2

O texto a seguir foi extraído de meu livro *"Páginas Recolhidas: Política, Educação, Administração, Artigos, Valores, Crônicas e Outros Temas"*. Belém: abfurtado.com.br, 2009, p. 90-91. Leia!

EMPREENDEDORISMO É A PALAVRA DE ORDEM!

O estágio atual do capitalismo tem apontado para as empresas alguns paradigmas novos: a globalização dos mercados, a busca incessante de excelência de produtos e serviços, a concentração nas atividades-fim da empresa com a consequente terceirização[3] dos demais serviços necessários, os meios de comunicação globais, dentre outros. No que tange ao pessoal, muitos destes novos paradigmas (e novas tecnologias) apontam para a diminuição significativa da mão-de-obra necessária à operação dos empreendimentos. A redução dos postos de trabalho em todas as áreas é uma tônica. O emprego (ou a falta de) passou a ser um problema crucial para os governos em todos os níveis. Alternativas à cultura do emprego tem que ser propostas e trabalhadas.

O Curso de Bacharelado em Ciência da Computação da UFPA trata deste assunto desde 1997: empreendedorismo era ministrado regularmente na disciplina "Tópicos Especiais em Computação". Procurava-se apresentar assuntos relevantes da área empresarial, como visão empreendedora, criatividade, legislação da pequena empresa, marketing, fatores de sucesso de novos negócios, fatores determinantes de fracasso nos novos negócios, encerrando com a elaboração de um plano de negócio, em condições de ser submetido a uma agência financiadora para possível realização. Com reformulação curricular havida depois, a disciplina "Empreendedorismo em Informática" foi criada, não precisando mais ser acomodada como tópico especial.

Para oferecer condições de treinamento real na área empresarial (e, também, obviamente, reforçar o conteúdo curricular) foi constituída a Empresa Júnior de Informática, que oferecia diversos serviços e produtos executados ou desenvolvidos pelos alunos (com supervisão do curso). Juntando-se todas estas ações, foram criadas

---

[3] A legislação de terceirização vigente é flexível: não exige que a função terceirizada seja atividade-meio; a lei permite terceirizar inclusive atividade-fim.

as condições para o que o aluno de Computação que desejasse orientar seu curso na direção de ter um produto/serviço desenvolvido na conclusão, pudesse fazê-lo e, assim, iniciasse seu negócio, com a criação de ocupação com garantia de fonte de renda para si e para outros.

Cabe sempre à universidade ajustar-se à realidade para formar o profissional capaz de suprir as necessidades do mercado de trabalho. Por isso, a cultura de "ser empregado" que ainda tem vigorado tem que ceder espaço para a cultura empreendedora. E, portanto, é pertinente que cada curso oferecido ajuste-se para disseminar o empreendedorismo associado à sua área de atuação, de modo que o profissional formado não tenha um único caminho a tomar.

A atuação do profissional de Computação exige grande conhecimento sobre o funcionamento das empresas, nas suas diversas áreas. Os assuntos tratados em "Empreendedorismo" ampliam o cabedal de conhecimentos na área de negócios, mesmo para os que não têm interesse de se tornarem donos de negócio próprio.

As habilidades exigidas do empreendedor, quando presentes num empregado, lhe garantem destaque na empresa. Desta forma, a capacidade de inovar, a visão de futuro, o compromisso pessoal de iniciar e acabar os projetos sob sua responsabilidade, a postura de aprender com os erros cometidos, a capacidade de tomar decisões e agir são características importantes em qualquer profissional, e não deveria ser exclusividade dos empreendedores.

1.3 EMPREENDEDORISMO E DESENVOLVIMENTO ECONÔMICO

As grandes economias do mundo mostram a importância da iniciativa empresarial para o desenvolvimento de um país. Uma economia pujante tem como base os quatro pilares do capitalismo:

– *Economia de mercado:* pouca ou nenhuma intervenção do estado na economia, deixando que os investimentos sejam feitos pela iniciativa privada; vale a lei da oferta e da procura – a qual regula os preços e os estoques de produtos, norteando os investimentos produtivos; estado intervém em situações especiais – por exemplo, para impedir a formação de cartéis, para garantir estabilidade econômica; a forte concorrência faz com que haja melhoria na qualidade de produtos e serviços disponíveis no mercado; isto leva a crescimento econômico maior e à prosperidade;

– *Lucro:* objetivo principal de quem produz – acumulação de capital;

– *Propriedade privada:* sistema produtivo pertence ao indivíduo ou a grupos privados;

– *Livre iniciativa:* a iniciativa de novos empreendimentos é das pessoas e grupos que atuam no mercado, ocasionalmente até atendendo incentivos que o governo possa vir a fazer, mas não necessariamente.

A principal crítica ao capitalismo é o fato de haver dois grupos – o dos donos dos meios de produção (os capitalistas), que é constituído de minoria; e o grupo majoritário, constituído de pessoas que vendem sua força de trabalho, em troca de remuneração que pague alimentação, saúde, transporte, lazer, etc.

O Brasil ainda é considerado um dos países mais fechados do mundo. O governo ainda concede subsídios a empresas; ainda há proteção às empresas nacionais, com sobretaxas à importação. Em estudo realizado pelo *National Bureau of Economic Research* (NBER) dos Estados Unidos, com base no índice chamado *markup*, que associa preço de venda de um produto ao seu custo de produção, constatou que o indicador do país é 1,61. Analisando a variação percentual do Brasil no período 1980-2016, observou-se que permanece a mesma. O *markup* do Chile é 1,37. O percentual de comércio exterior do PIB brasileiro que era 22% em 2000, hoje é de 27%. Ou seja, incremento pequeno nas exportações em 18 anos. E se o país não exporta é porque seus preços não são competitivos ou a qualidade dos produtos não tem padrão internacional (Canzian, 2018).

Portanto, há muito espaço para o capitalismo fortalecer-se no país, com maior crescimento da economia, mais oportunidades para novos negócios, e, consequentemente, mais oportunidades para os que empreendem realizar seus sonhos. O espírito empreendedor está por trás do desenvolvimento econômico do país.

Com a derrocada do comunismo, sinalizada pela queda do muro de Berlim e a desintegração da União Soviética, Fukuyama (1992) apontou que a democracia liberal representaria o ápice da evolução ideológica da humanidade e, por isso, se universalizaria como forma de governo.

Cabe ao Estado atuar nas áreas de saúde, educação, segurança, infraestrutura, principalmente. E, por meio de agências reguladoras, acompanhar as ações da iniciativa privada, e também criar as condições favoráveis para que os investimentos privados ocorram.

1.4 COMPORTAMENTO EMPREENDEDOR NAS ORGANIZAÇÕES

As organizações precisam inovar permanentemente. A acomodação é o caminho para a falência, para a perda de mercado. Por isso, o espírito empreendedor deve ser característica de seus líderes, de seus gerentes (Dornellas, 2003).

A busca constante da inovação nas suas áreas de atuação, da racionalização de seus processos, da ampliação de seu mercado, com a oferta de novos produtos e serviços exigem comportamento empreendedor das várias instâncias da organização. Não pode haver acomodação, pois os concorrentes estão à espreita, atentos, prontos para aproveitar os flancos desguarnecidos que a organização pode deixar.

Os colaboradores de cada área devem ser incentivados a propor aperfeiçoamento dos processos organizacionais, buscando melhor forma de fazer seu trabalho, de forma mais rápida, mais econômica, para conquistar mais clientes e, consequentemente, maior lucratividade. Com isto, novos investimentos podem ser feitos, abrindo novas frentes de trabalho e de atuação da empresa.

1.5 CRIAÇÃO DE AMBIENTE FAVORÁVEL AO EMPREENDEDORISMO

São formas de garantir que a organização crie ambiente favorável ao empreendedorismo, de modo que os colaboradores sejam estimulados à maior participação no âmbito da sua área de atuação, não se acomodando com as estritas atribuições da função desempenhada. Em vez disso, tenham comportamento propositivo, crítico, não se acomodem, e ajam para superar problemas existentes.

Por seu turno, a organização pode favorecer a criação de ambiente favorável à iniciativa de seus colaboradores, na medida em que os recompense por este comportamento, reconhecendo a participação deles nos resultados que forem obtidos, encorajando as iniciativas e as experimentações. Uma forma de concretizar isto é pela concessão de gratificação, ou pela retribuição com lotes de ações da empresa, ou outra forma de valorização do empenho demonstrado pelo colaborador (Dornellas, 2003).

1.6 INOVAÇÃO – IMPERATIVO ORGANIZACIONAL

Como mencionado, a busca de inovação deve ser permanente na organização. Constitui a única garantia de sobrevivência dela. E isto nem é certo. É um imperativo da organização moderna – refazer-se sempre, renovar-se. Michael Porter afirma: "mude, antes que seja preciso". Jack Welch, ex-CEO da General Electric, diz na mesma direção: "Quando o ritmo de mudança dentro da empresa for ultrapassado pelo ritmo fora dela, o fim está próximo".

Portanto, o que importa é a mudança, o momento em que ela acontece. Como coisa inevitável, temos que nos preparar para ela e ser capazes de executá-la sem receios.

1.7 A TRANSFORMAÇÃO DO MERCADO DE TRABALHO

Mesmo com as recentes mudanças na legislação trabalhista, as empresas evitam contratações; elas preferem o processo de terceirização – contratação de microempresas para executar atividades a que ela não quer dedicar-se.

O conceito de estabilidade no emprego é cada vez mais raro; a tendência é desaparecer. No setor privado, a estabilidade é provisória. No setor público, têm estabilidade os funcionários do regime estatutário.

Como citado no início deste Capítulo, e fazendo uma síntese: a globalização, a forte competição por mercados, a automação de processos organizacionais, a imposição de redução de custos operacionais para reduzir preços, os processos de downsizing e terceirização levam à diminuição do número de empregos. E isto é argumento para que os profissionais empreendam.

1.8 LEITURA E REFLEXÃO 3

A nota a seguir foi extraída de FURTADO, A. B. "Novos Casos e Percepções". Belém: abfurtado.com.br, 2018a.

A SAÍDA PARA OS PROFISSIONAIS DE COMPUTAÇÃO

As exigências do capitalismo (concorrência acirrada, redução de custos, globalização, maximização de lucros, reengenharia de processos de negócios) e os avanços da tecnologia (em especial, a robotização, a nanotecnologia e os processos de automação de negócios) têm levado a que se imponham novas formas de organização empresarial. A redução dos quadros de pessoal imposta pela automação é uma realidade. Outro processo inevitável é a concentração em atividades que a organização julgue prioritárias; quanto às demais: podem ser objeto de terceirização.

Chama-se terceirização (em inglês, "outsourcing") à transferência de um determinado serviço de uma empresa a outra. Portanto, trata-se de um recurso disponível às organizações, em que terceiros (outra empresa) assume determinadas tarefas específicas. Na forma em que a terceirização está posta na legislação vigente nem faz mais sentido diferenciar atividades-meio de atividades-fim, a menos para estabelecer algum critério de análise dentro da organização.

O processo de terceirização tem como vantagens principais: a redução dos custos de mão-de-obra, a racionalização de processos, a redução possível de níveis hierárquicos da organização (downsizing). As desvantagens principais são: as possíveis falhas existentes nos contratos que levem a questionamentos prolongados de parte a parte, prejudicando a organização; a exigência de controle eficaz das atividades terceirizadas; problemas de comunicação entre setores da empresa e da terceira, até mesmo por problemas de cultura organizacional; inevitável dependência da contratante em relação ao terceiro.

Já de há muito se percebeu que a terceirização é inevitável em todas as áreas. E, como são poucas as empresas cujo fim é desenvolver software, as demais organizações têm optado por terceirizar a área de computação. A pergunta que a gerência das empresas faz é: para que equipe própria para desenvolvimento de software se este não é o fim precípuo do *negócio? Em razão disso, ficou no passado a existência de departamento de desenvolvimento de sistemas em empresas cujo fim não seja a computação. Esta é uma constatação.*

Em face desta realidade, como acomodar os profissionais de computação formados pelas instituições de ensino superior?

Vejo que é inevitável uma aproximação mais forte do profissional com a área de administração. Toda empresa de médio e de grande porte precisa de um gerente de Tecnologia de Informação.

Só que o pessoal de administração há tempo se ressente da perda de espaço para os profissionais de computação. E têm procurado, em razão disso, caminhar na direção da computação: os cursos de administração incorporam, cada vez mais, disciplinas de computação, para permitir que o profissional ocupe o papel de gestor de tecnologia.

Conclusão óbvia: convergência das áreas. O profissional de computação com conhecimentos de administração e o profissional de administração com conhecimentos de computação terão maior empregabilidade do que os especialistas em uma só área.

O próximo Capítulo define o conceito de visão de futuro. Tornar-se empreendedor de sucesso é tarefa com as características típicas de uma visão de futuro. É preciso tempo de preparação, em várias frentes, até que as condições adequadas para a implantação do negócio com maior probabilidade de sucesso estejam estabelecidas.

2. VISÃO DE FUTURO

A visão de futuro é a imaginação de algo significativo para realizar que exija um bom período de tempo e o trabalho esforçado no sentido de concretizar o que foi engendrado, ideado. A visão de futuro tem a ver com pessoas. Pode ser uma visão pessoal, de um grupo ou de uma família, de uma cidade, de um país, até de um continente. Quando sai do plano individual, exige a adesão de pessoas que se convençam da sua importância e aceitem trabalhar para realizá-la. A importância do conceito reside no fato de que para alcançá-la, são exigidos anos de trabalho, persistência e estudo sistemático. Desse modo, a visão de futuro não é algo que se realize de um dia para o outro.

Um exemplo de visão de futuro pessoal é aquele formulado pela criança ao dizer o que quer ser quando crescer. Claro que isto vai mudar ao longo do tempo. Ela pode passar de uma visão para outra, à medida que cresce.

Outra visão de futuro pessoal é obter um título de graduação quando se está no ensino fundamental ou médio. Ou obter um título de doutor em dada área de conhecimento, quando se iniciou a graduação, por exemplo.

Quando várias visões tiverem sido formuladas, é preciso concentrar-se na mais próxima, temporalmente. E aí manter trabalho obstinado e foco para realizá-la. O alvo deve ser necessariamente ambicioso, mas factível.

Exemplo de visão de futuro de um grupo pode ser aquela proposta por uma família, por um grupo religioso, por um clube, por um município, por um estado, por um país. Nestes casos, há necessidade de um líder que proponha ou conduza a formulação da visão e que a mantenha de pé até a sua concretização, que trabalhe para não haver dispersão do grupo. A escolha de um prefeito, de um governador, de um presidente, a partir de seu plano de metas, pode assumir o papel de uma visão para o grupo relacionado, desde que o político seja capaz de concretizar o plano; isto exige que ele tenha capacidade de liderança para galvanizar as forças do país para a realização do planejado. Com frequência, são investidos nestes altos cargos de governo quem julga que a "decisão política" de fazer algo é suficiente. Não é. Sem capacidade gerencial, sem capacidade de liderança, ele não terá sucesso. Voluntarismo não basta.

A concepção do Mercado Comum Europeu é um exemplo de visão de futuro aplicada a um continente. Imagine o esforço realizado pelos países europeus que assumiram a construção de um mercado único para o continente, com uma única moeda, com isenção de tarifas alfandegárias para os produtos industriais, com livre circulação dos produtos agrícolas da área, com proteção contra produtos provenientes de outras áreas, com constituição de um parlamento europeu com representantes eleitos pelos países para decidir sobre as questões comuns. Foi o que ficou estabelecido pelo Tratado de Roma, assinado em 25 de março de 1957, pela França, Itália, Alemanha Ocidental, Bélgica, Holanda e Luxemburgo.

Hoje, a União Europeia é constituída de 27 países; o Reino Unido, que já não tinha sido signatário inicial, saiu da União em referendo realizado em 23 de junho de 2016. Esta saída foi chamada de BRexit (Saída da Grã-Bretanha).

Deve ter ficado claro por que a ideia de visão de futuro é apresentada em um livro sobre empreendedorismo. Isto mesmo! Porque se tornar empreendedor é um bom exemplo de visão de futuro. Não se consegue sem, por exemplo, determinação, conhecimento em administração de negócios, identificação de uma área de atuação, criação de produto ou serviço a ser oferecido para clientela dessa área interessada ou com potencial de interessar-se por este produto ou serviço, obtenção dos recursos necessários para iniciar o empreendimento. E persistência diante de obstáculos que aparecerem.

Uma frase de Barker (2002), muito citada, e que define bem visão de futuro: "uma visão sem ação não passa de um sonho; ação sem visão é só um passatempo; visão com ação pode mudar o mundo".

A visão de futuro pode ficar como um sonho se não houver busca pela sua realização. Portanto, as ações do presente são direcionadas e determinadas pela visão. As grandes realizações humanas decorreram de visões de futuro em que, após a formulação, um líder encarregou-se de reunir os meios necessários e trabalhou para superar os obstáculos encontrados, até sua concretização.

Barker (2002) afirma que a visão nunca é expressa em números. Para uma empresa, a visão não seria, por exemplo, o retorno sobre o investimento feito, o alcance de um dado índice de lucratividade. Números como estes expressam, no máximo, consequências de uma visão não determinada.

Barker (2002) afirma ainda: "As nações ascendem e declinam com suas visões de futuro. Isto tem sido verdade desde os primórdios da história documentada".

Dois exemplos podem ser citados aqui: o reerguimento do Japão após a Segunda Grande Guerra, a partir de visão de futuro mobilizada pelo Imperador Hirohito. O mesmo aconteceu com a Alemanha, depois de ter sido dizimada na Segunda Guerra Mundial, até chegar ao posto de primeira potência econômica europeia.

2.1 CARACTERÍSTICAS DA VISÃO DE FUTURO

Barker (2002) aponta quatro características que as visões precisam ter:

1) *Iniciação pela liderança* – um líder confiável, com capacidade de mobilização e aglutinação de forças é importante para fazer com que a visão seja mantida e o pessoal coeso, até sua concretização, superando os obstáculos que aparecerem;

2) *Compartilhada e apoiada* – a visão precisa ser assumida pelo grupo, formando a comunidade da visão;

3) *Abrangente e detalhada* – a visão deve ser algo relevante e significativo para a sociedade, para a comunidade; deve ser detalhada de forma que os passos que levam ao seu alcance sejam passíveis de identificação;

4) *Positivas e inspiradoras*: a visão deve ser positiva no sentido de que beneficie a sociedade, a comunidade; que a inspire na busca da sua concretização.

No seu vídeo, Barker apresenta a seguinte metáfora: há um rio, de correnteza forte, que precisa ser atravessado para alcançar a outra margem. Lançar-se à água fará com que a pessoa chegue à outra margem, sabendo nadar; ela terá que lutar contra a correnteza, que a vai levar para um ponto distante no outro lado. Se houvesse uma corda amarrada a uma árvore na outra margem que a pessoa pudesse segurar enquanto atravessa, certamente ela a alcançaria com maior facilidade, no ponto desejado. Nesta metáfora, a visão de futuro seria a corda que garantiria a travessia com mais facilidade para o ponto desejado na outra margem.

A visão de futuro deve ser clara para toda a comunidade de participantes de uma organização. Cada um precisa ter ciência de como sua participação diária pode ajudar a concretizá-la, e estar motivado para atuar nesta comunhão de esforços.

A visão, assim como a missão institucional, não deve ficar recolhida nos planos organizacionais. Devem ser colocadas em quadro e afixadas em lugar visível nas dependências da empresa, para que todos as tenham sempre presente.

2.2 MISSÃO, PRINCÍPIOS E VISÃO DE FUTURO

Para dar clareza a estes conceitos, baseado em documento oficial da UFPA (seu Plano de Desenvolvimento Institucional 2016-2025), são apresentados adiante a missão da UFPA, os princípios que balizam esta missão e a visão de futuro institucional (Ufpa, 2016).

A missão de uma organização é a sua razão de existir. É uma frase que expressa um compromisso que a organização manifesta hoje.

Para isto, alguns princípios são listados; eles pautam a realização da missão. Pelo que está exposto abaixo, a missão da UFPA é formar cidadãos capazes de construir uma sociedade inclusiva e sustentável, tendo como base a produção, a socialização e a transformação do conhecimento na Amazônia. Sociedade inclusiva é aquela que não ignora nenhum dos segmentos que a compõem. Sociedade sustentável é aquela cujo desenvolvimento se mantém ao longo do tempo, preservando seus recursos em vista das futuras gerações.

Portanto, a missão está associada ao que a organização é hoje e sempre, é imutável; os princípios norteiam a realização da missão.

Já a visão de futuro, por óbvio, está associada ao que a organização não é hoje, mas deseja ser no futuro. E, para isso, pretende trabalhar arduamente para alcançar.

Por exemplo, a visão de futuro da UFPA (detalhada adiante) é "ser reconhecida nacionalmente e internacionalmente pela qualidade no ensino, na produção de conhecimento...". A UFPA tem este reconhecimento nacional e internacional? Longe disso. Observe que o reconhecimento desejado é muito difícil de ser conseguido. Trata-se de uma boa visão por expressar algo de grande importância, que potencializará a sua própria missão. A concretização da missão (se ocorrer) precisa envolver toda a organização – alta administração, professores, alunos, técnicos e pessoal administrativo – cada um dando o máximo do seu trabalho, contando com recursos financeiros e materiais, com práticas de gestão atualizadas, com tecnologia apropriada para racionalização dos processos e maximização dos resultados.

Missão institucional da UFPA

"Produzir, socializar e transformar o conhecimento na Amazônia para a formação de cidadãos capazes de promover a construção de uma sociedade inclusiva e sustentável" (Ufpa, 2016, p. 31).

Talvez se pudesse acrescentar à missão da UFPA, explicitamente, *"Produzir, socializar e transformar o conhecimento na Amazônia e sobre a Amazônia"*, pois, como principal instituição da Região Amazônica carrega este compromisso de berço, que a tornaria referência pela importância da Amazônia para o mundo. Afinal, faz sentido que a principal instituição de pesquisa da Amazônia não seja a maior produtora de conhecimento sobre a Região? Fica a minha sugestão aqui registrada.

Princípios da UFPA

Estes são os princípios balizadores da missão da UFPA (Ufpa, 2016, p. 32):

- A universalização do conhecimento;
- O respeito à ética e à diversidade étnica, cultural, biológica, de gênero e de orientação sexual;
- O pluralismo de ideias e de pensamento;
- O ensino público e gratuito;
- A indissociabilidade de ensino, pesquisa e extensão;
- A flexibilidade de métodos, critérios e procedimentos acadêmicos;
- A excelência acadêmica;

- A defesa dos direitos humanos e a preservação do meio ambiente.

O conhecimento produzido é publicado em benefício da sociedade, salvo, claro, os casos em que haja alguma restrição por exigência de registro de patentes ou em projetos de pesquisa em que haja conveniência de privacidade.

O estágio civilizatório atual impõe o respeito à ética e a convivência e a aceitação da diversidade de toda natureza. Da mesma forma, a pluralidade de correntes de pensamento, a defesa dos direitos humanos e a preservação do meio ambiente são valores intrínsecos desse estágio.

Com relação a consignar "ensino público e gratuito" como um princípio é questionável. O nível universitário é a prioridade da educação no país? Não deveria ser pela leitura da realidade: ela aponta educação básica precária e deficiente por todas as leituras que se façam. Portanto, pôr como princípio "ensino público e gratuito" é da conveniência da instituição, mas é contrário à racionalidade, em razão da carência de recursos para a educação pré-escolar e para a educação básica. Como há escassez de recursos, a prioridade deveria recair nos níveis inferiores. Então, como as universidades públicas seriam mantidas? Ora, elas que encontrem formas de sobrevivência.

Os pilares da universidade são o ensino, a pesquisa e a extensão. O conhecimento a ser ensinado deve provir da pesquisa; e este conhecimento deve ser levado à sociedade por meio de atividades extensionistas, nas suas diversas modalidades (publicações, cursos, eventos, envolvimento em projetos).

Ter como princípio a flexibilidade e a busca da excelência no que faz é exigência da administração moderna.

Da mesma forma, para que a formulação de missão, de seus princípios norteadores e da visão de futuro não constitua puro modismo gerencial é necessário que haja instrumentos que possibilitem a verificação da distância organizacional em relação a estes alvos. E, com base nesta leitura, ajustes operacionais e gerenciais sejam realizados.

Visão de futuro da UFPA

"*Ser reconhecida nacionalmente e internacionalmente pela qualidade no ensino, na produção de conhecimento e em práticas sustentáveis, criativas e inovadoras integradas à sociedade*" (Ufpa, 2016, p. 33).

Para merecer o reconhecimento nacional e internacional nos quesitos relacionados (qualidade no ensino, produção de conhecimento e práticas de integração à sociedade), a UFPA precisa sobressair nos exames a que seus alunos sejam submetidos (ENADE, por exemplo) e a produção científica de seus professores deve ter o referendo dos principais periódicos e eventos, nacionais e internacionais. Por exemplo, na 14ª edição do *World University Rankings*[4], publicada em 05/9/2017, com as mil melhores universidades de 77 países[5], somente 21 instituições brasileiras são relacionadas. A UFPA não aparece entre elas. A primeira universidade brasileira a aparecer na lista é a USP[6], assim mesmo na posição do grupo que vai de 251 a 300 melhores instituições (a partir da 200°, as universidades são agrupadas de 50 em 50) (Bermúdez, 2017).

Ora, para concretizar esta visão, não basta jogá-la no papel e esperar que ela se materialize por si mesma. Como de resto acontece com qualquer plano que se elabore: na medida em que as ações de planejamento foram bem executadas (escopo, estimativa

---

[4] O ranking é feito pela *Times Higher Education* (THE), publicação britânica, especializada em avaliação do ensino superior.
[5] A lista é encabeçada pela University of Oxford (Reino Unido); em 2° lugar, a University of Cambridge (Reino Unido); em 3°, California Institute of Technology (EUA) e Stanford University (EUA).
[6] A 2ª universidade é a Unicamp; a 3ª é a UNIFESP.

e alocação dos recursos necessários, cronograma de trabalho), o plano foi aprovado, inicia-se a execução – tornar realidade o que foi planejado. Deve haver trabalho articulado para mobilizar todos os escalões da instituição para ocorrer alguma aproximação da sua realidade. Para não se tornar, como afirmado por Barker (2002), um mero sonho.

Com respeito à visão de futuro da UFPA, observe que ela não é quantificável, é qualitativa: "Ser reconhecida nacionalmente e internacionalmente...". Não há a medida do reconhecimento que se busca. Passado o tempo desde quando foi formulada, não há como avaliar se houve aproximação. É uma visão de conveniência, de acomodação institucional. Veja, por exemplo, que seria bem diferente se posta da seguinte maneira em plano estratégico em que a visão seria o alvo a atingir: "Ser reconhecida entre as dez melhores universidades do país pela qualidade no ensino, na produção de conhecimento...". No fim do período do plano, poder-se-ia avaliar se a visão foi alcançada, e em que medida ocorreu. Se não foi alcançada, as estratégias executadas não foram eficazes em levar à concretização, e deveriam ser ajustadas.

Para ilustração, consideremos a missão, os valores (princípios) e a visão de um grupo empresarial que atua em vários segmentos, o principal dos quais a indústria do aço (GERDAU)[7]:

Missão: *"Gerar valor para nossos clientes, acionistas, equipes e a sociedade, atuando na indústria do aço de forma sustentável"*.

Valores (Princípios):

- Ter a preferência do CLIENTE;
- SEGURANÇA das pessoas acima de tudo;
- PESSOAS respeitadas, comprometidas e realizadas;
- EXCELÊNCIA com SIMPLICIDADE;
- Foco em RESULTADOS;

---

[7] Gerdau.com.

- INTEGRIDADE com todos os públicos;
- SUSTENTABILIDADE econômica, social e ambiental

Visão: "Ser global e referência nos negócios em que atua".

Comentários sobre as informações: objetividade nas formulações. Como um grupo empresarial com ações negociadas em bolsa, a missão é gerar valor para os agentes envolvidos; os valores são expressos, concisamente. E a visão, na mesma direção, propõe atuação global e ser referência nos segmentos em que atua.

2.3 QUESTÕES:

1) Qual é a sua missão pessoal?

2) Quais os princípios balizadores da sua missão pessoal (seus valores – de que você não abre mão para realizar sua missão pessoal)?

3) Qual é a sua visão de futuro? Pense em como você imagina marcar sua existência no mundo.

4) Formule uma visão de futuro para a cidade de Belém/PA.

5) Formule uma visão de futuro para o Estado do Pará.

2.4 LEITURA E REFLEXÃO 4

Em meu livro "Casos e Percepções de um Professor" [2016], escrevi o seguinte acerca da importância de viajar como reforço à aprendizagem, para aquisição de cultura. No texto, faço comentários sobre visão de futuro. Leia!

VIAJAR SEMPRE!

Como saber que a água dos canais de Veneza é fétida sem ir lá? Alguém poderia dizer que esta informação pode ser lida em algum jornal, revista ou mencionada em um filme. Nada substitui a experiência da presença no local. Como saber que Capri é graciosa sem visitá-la? Nenhuma informação livresca ou filmesca dará a medida real da graça da Gruta Azul.

Antes de ir à China, eu vi diversas vezes a Grande Muralha em filmes e na televisão. A dimensão da obra, só a tive subindo as escadarias da muralha. Dei-me conta da dificuldade da construção – para a época em que foi iniciada (há mais de mil anos), já que ela se estende por mais de cinco mil quilômetros, acompanhando todo o acidentado do terreno, mesmo montanhas são vencidas pela muralha, e não constituíram obstáculo intransponível para seus construtores.

Nas minhas aulas de Empreendedorismo, quando menciono a "visão do futuro" – conceito importante para os novéis empreendedores – dou como exemplo de algo portentoso a construir, que preenche todos os requisitos de uma grande visão, a Grande Muralha. A partir da concepção, o Imperador precisou mobilizar recursos enormes para sua concretização; dificuldades tecnológicas e de outras naturezas, aparentemente intransponíveis, se antepuseram à obra, mas não foram suficientes para alquebrar o desejo da realização. O objetivo da construção era impedir a invasão dos mongóis; a defesa seria muito mais fácil para o exército chinês; ao tentar subir a muralha, os mongóis seriam facilmente alvejados.

Como ter a percepção clara da grandiosidade da obra sem ir lá? Conclusão: é indissociável a experiência que só a presença física garante. Portanto, viajemos sempre e cada vez mais!

O conceito abordado no próximo Capítulo – paradigma – é fundamental para manter-se à frente, atento à fronteira do conhecimento e ao que está por vir, como forma de garantir permanência no cume, e para assegurar a sustentabilidade do negócio.

3. PARADIGMA

Em sua obra "A Estrutura das Revoluções Científicas", Thomas S. Kuhn (2009), definiu paradigma como a realização científica universalmente reconhecida por um dado período de tempo, e que apresenta problemas e soluções para uma comunidade de praticantes de uma ciência. Ideias, fórmulas, leis, definições, praxes (rotinas), métodos, exemplos, modelos, deontologias (práticas éticas) e soluções adotadas por uma comunidade científica na sua atividade normal constituem, com o reconhecimento deste conjunto de valores, o paradigma dessa comunidade, seu padrão, seu modelo (De Masi, 2003). Isto prevalece por um tempo: até que outro padrão se imponha, resolvendo os problemas do anterior, com vantagens. Podemos associar o conceito de paradigma ao de modelo de modo geral, seja organizacional, seja metodológico, seja tecnológico, seja psicológico, seja sociológico, seja econômico, dentre outros.

A fase que antecede a formação de uma comunidade científica comprometida com dado paradigma parece ser caracterizada por desorganização, sem acordos específicos e com solicitações constantes de discussões acerca dos fundamentos da própria disciplina. D´Amore (2007) brinca a respeito desta fase, dizendo que há tantas teorias quantos pesquisadores, e contínuas solicitações de esclarecimentos dos próprios pontos de vista e os dos outros.

Há um risco decorrente da utilização, por longos períodos de tempo, de um dado paradigma: a percepção de que aquela é a "forma certa de fazer tal coisa". Esta percepção é limitadora, equivocada. Novas abordagens devem sempre ser tentadas, em busca de se conseguir inovar, fazer melhor, de forma mais econômica, no menor tempo, envolvendo menos pessoas. Este apego a dado padrão de como se fazer algo é chamado de "paralisia de paradigma". Esta é a razão por que, quase sempre, quem provoca quebra de paradigmas é quem não utiliza o paradigma substituído. Barker

(2002) afirma que o sucesso na utilização de um paradigma ofusca a percepção do novo e a sua busca.

No seu vídeo "A Questão dos Paradigmas", Barker (2002) apanhou o conceito de paradigma e o trouxe para a área industrial. Um dos casos que ele cita é o do relógio a quartzo suíço: em 1968, a Suíça detinha 65% do mercado mundial de relógios e 80% dos lucros – e tradição de 100 anos na indústria relojoeira; o Japão e os Estados Unidos não tinham participação nesta área. Apenas dez anos depois, a Suíça detinha 10% do mercado mundial e havia perdido 50 mil dos 65 mil empregos que oferecia. Japão e Estados Unidos passaram a dominar esta indústria. Que ocorreu? Houve uma quebra de paradigma tecnológico. A Suíça dominava o mercado de relógios mecânicos. Mas este paradigma tecnológico foi quebrado quando surgiram os relógios eletrônicos, movidos à bateria. Esta revolução tecnológica levou o mercado de relógios "à estaca zero". Barker chama este fenômeno de "Regra da Volta à Estaca Zero" (Ferrari, 2010). O sucesso do passado de nada adianta quando ocorre a mudança de paradigma.

A base para a mudança de paradigma do relógio mecânico para o relógio a quartzo foi a descoberta das propriedades deste mineral (segundo mais abundante no planeta) na geração de impulsos elétricos. Havia ainda uma vantagem adicional para a mudança: a precisão do relógio. Os relógios mecânicos apresentam desajuste de um décimo de segundo por dia, enquanto nos relógios a quartzo o erro é de um milésimo por dia. Pronto! Duas vantagens para quebrar o paradigma da indústria relojoeira: com o quartzo produzem-se relógios mais baratos e mais precisos. Como ficar ainda com os relógios mecânicos? Só mesmo como um produto *vintage* (produto clássico, antigo).

O mais curioso desta história – Barker nos diz isto no vídeo – é que a descoberta da tecnologia ocorreu em congresso realizado pela própria indústria relojoeira suíça. Mas não foi levada a sério.

Nem patenteada foi pela indústria suíça. Os fabricantes do país não perceberam que o futuro da indústria estava ali. Para eles, afinal, aquele protótipo não apresentava engrenagens, mola mestra, que caracterizam os relógios mecânicos. Este fenômeno é a "paralisia de paradigma", mencionada no início. Para eles, jamais o futuro estaria ali. Não pensaram assim os representantes no evento das incipientes indústrias americana (*Texas Instruments*) e japonesa (Seiko). Viram uma oportunidade a explorar com a nova tecnologia.

Barker (2002) observa que os detentores de um paradigma, com frequência, se apegam a ele, como que paralisados pelo seu sucesso, e não buscam caminhar na direção do novo padrão. Acabam superados por quem não pertence a esta comunidade e que propõe o novo paradigma – com vantagens substantivas em relação à forma anterior, seja pela redução de custos, seja pela redução de tempo do processo envolvido, seja por possibilitar melhor controle do processo, seja pela combinação destes fatores todos. Se ele se confirma como a nova forma de fazer algo, impõe-se a mudança de paradigma.

Outro caso em que a mudança de paradigma se tornou imperativa apresentado no vídeo é o da fotografia eletrostática da xérox. O projeto de pesquisa foi apresentado para industriais da área de fotografia, mas rejeitado. Posteriormente, com a colocação no mercado das máquinas xerográficas, veio a constituir-se em um dos negócios mais rentáveis do século passado.

Barker (2002) afirma ainda no vídeo que o sucesso conseguido hoje com um modelo de negócio não é garantia de que seja mantido amanhã. Isto impõe a quem seja detentor de um negócio apoiado em dado paradigma que mantenha estudos e pesquisas sobre o próximo paradigma naquela área. Quando a mudança de paradigma se impuser, a migração para o novo padrão será mais rápida, com grande vantagem sobre a concorrência. Barker (2002) utiliza a metáfora de pilotar um carro em estrada empoeirada: quem está à frente leva grande vantagem sobre quem vem atrás. Quem está na dianteira tem visibilidade da pista para andar mais rápido, quem está atrás é prejudicado pela poeira levantada por quem está na frente, por isso precisa ir mais devagar.

São muitos os exemplos de empresas cujos negócios se apoiavam em dado padrão (ou tecnologia), mas seus dirigentes não ficaram atentos às mudanças de paradigma naquele negócio e, quando se deram conta, a empresa já tinha perdido espaço para a concorrência, e não conseguiam mais reconquistar sua posição anterior.

Para finalizar o texto do Capítulo, transcrevemos de Dolabela (2008, p. 137) três "frases para pensar", contendo erros graves de avaliação a respeito de inventos que viriam mostrar-se depois sucesso retumbante:

> Esta 'geringonça' tem inconvenientes demais para ser levada a sério como meio de comunicação. Ela não tem nenhum valor para nós.
> *Memorando interno da Western Union, sobre o telefone em 1876.*
>
> Quem pagaria para ouvir uma mensagem enviada a ninguém em particular?
> *Sócios de David Sarnoff, fundador da RCA, em resposta à sua consulta urgente sobre investimentos em rádio em 1920.*
>
> O conceito é interessante e bem estruturado, mas, para merecer uma nota melhor do que 5, a ideia deveria ser viável.
> *Examinador da Universidade de Yale sobre tese de Fred Smith propondo um serviço confiável de malote (Smith viria a ser o fundador da Federal Express).*

3.1 LEITURA E REFLEXÃO 5

Extraído do meu livro "Para Ensinar Melhor" (Belém: abfurtado.com.br, 2018).

PERGUNTA PARA O INÍCIO DO DIA DE TRABALHO

Indico esta pergunta como a que devemos nos fazer, independentemente da área de atuação, ao iniciar as atividades de trabalho, todo dia: levando em conta o que há para fazer, como realizá-lo em menos tempo, com economia de recursos, e com melhor resultado? É a pergunta básica cujas respostas, devidamente avaliadas, possibilitarão chegar ao novo padrão de fazer algo. A insistência em obter respostas mais produtivas às questões do cotidiano nos levará a melhores resultados.

3.2 LEITURA E REFLEXÃO 6

Extraído de meu livro "Casos e Percepções de um Professor" [2016], p. 148. Observe que todas elas têm relação com o conceito de paradigma. Leia!

FRASES SOBRE MUDANÇA

"Mude, antes que seja preciso", Michael Porter.

"Quando o ritmo de mudança dentro da empresa for ultrapassado pelo ritmo fora dela, o fim está próximo", Jack Welch, ex-CEO da General Electric. Mundo Corporativo. No. 24. Abril/junho 2009.

O que importa é a mudança, o momento em que ela acontece. Como coisa inevitável, temos que nos preparar para ela e ser capazes de executá-la sem receios.

3.3 TAREFA

Recomendo fortemente que vejam o vídeo de Barker sobre o assunto para reforçar o que foi apresentado acima:

https://archive.org/details/Questao.dos.Paradigmas

3.4 LEITURA E REFLEXÃO 7

Em meu livro "Casos e Percepções de um Professor" [2016], escrevi a seguinte impressão de uma viagem a Genebra (Suíça), em que comento o que vi a respeito dos efeitos da quebra de paradigma citada acima. Leia!

RÁPIDAS IMPRESSÕES DE GENEBRA

Genebra é uma cidade suíça, importante centro financeiro mundial, localizada no oeste da Suíça.

No salão de café do hotel, olho através da vidraça um operário da Prefeitura de Genebra. Ele desce de um caminhãozinho; da carroceria, ele deslocou um minirrolo motorizado. Fiquei curioso para saber o que faria. Aí notei que havia um pequeno buraco na rua asfaltada. Ele estava ali para tapar o buraco. Todo o trabalho feito por uma só pessoa, munido de todos os equipamentos para execução rápida e perfeita.

Horas depois, na saída do hotel, observei a perfeição do serviço; salvo pela cor do asfalto novo, ninguém diria que um reparo havia sido feito ali.

Noutro dia, apesar de não ser perceptível poeira nas ruas que os carros levantassem, vi um carro-pipa com empregado lavando a rua. Foi o que eu disse: ele estava lavando a rua. Não sei se mantêm esta prática nestes tempos de economia de água. Quanto cuidado com o bem-estar do cidadão! Quanto há que aprender no Brasil!

Na grande loja da Seiko, incrustrada na capital do país com tradição na indústria relojoeira, os japoneses vendendo relógio a quartzo quase a quilo, bem baratinho. Ficou para a Suíça a fatia do mercado mundial reservado aos endinheirados, mormente com os relógios Rolex, Franck Muller, Parmigiani Fleurier, Swatch, e outros.

Com o lançamento dos relógios conectados, como o Apple Watch, a indústria relojoeira suíça, ficou outra vez para trás, como tinha ocorrido nos anos 1970.

3.5 QUESTÕES PARA REFLEXÃO:

1) Qual se prenuncia seja o próximo paradigma de combustível em substituição ao fóssil?

2) Qual se prenuncia seja o próximo paradigma de fonte de energia elétrica em substituição à extraída das hidrelétricas?

3) Qual é o próximo paradigma a ser utilizado em programação de computadores em substituição à orientação a objetos? Em termos de linguagem de programação? Em sistemas operacionais? Em bancos de dados? Em interação humano-computador? Em redes de computadores?

4) Em relação ao seu trabalho cotidiano, quais as perguntas que você deveria se fazer que permitiriam descobrir o novo paradigma para a atividade que você desenvolve?

5) Quais são os próximos paradigmas de trabalho remunerado em substituição ao emprego formal?

6) Quais são os próximos paradigmas de organização do trabalho dos profissionais de tecnologia de informação?

7) Certamente, o negócio da empresa em que você atua não permanecerá rentável sempre. Como se precaver deste fato, para garantir a permanência da empresa, quando a rentabilidade deixar de existir ou diminuir muito, tornando o negócio inviável?

8) O próximo passo na computação é o computador quântico, capaz de fazer simulações de sistemas naturais sem precisar recorrer a aproximações. Vai resolver em segundos o que levaria bilhões de anos para o mais potente supercomputador atual. O que se pode vislumbrar em termos do software para explorar todas esta potencialidade? Que tipos de problemas poderão ser resolvidos com tal recurso computacional? (Oliveira Jr, 2017).

3.6 QUESTÕES COM RESPOSTA

1) Considere aqui uma empresa cujo fim é o lucro. Certamente o negócio dessa empresa não permanecerá rentável sempre. Como se precaver deste fato, para garantir a permanência da empresa quando a rentabilidade deixar de existir?

Possível resposta: naturalmente a empresa não pode acomodar-se com o paradigma atual; ela deve prospectar continuamente o mercado em busca de novas oportunidades, promovendo mudanças antes que a concorrência o faça, ou que o próprio mercado determine, pela rejeição dos produtos/serviços oferecidos pela empresa. Um caminho de sobrevivência é a busca pelo novo paradigma na área em que a empresa atua: isto exige pesquisa contínua.

A imprevisibilidade é a tônica dos mercados competitivos. Em razão disso, a empresa deve manter atenção à melhoria contínua de seus processos, seja pela redução de custos, seja pela diminuição de tempo, de modo a oferecer a seus clientes vantagens que os concorrentes não conseguem dar.

2) A invenção de uma tecnologia pode ter efeitos profundos e inesperados em outras tecnologias aparentemente não relacionadas, em empresas comerciais, nas pessoas e até na cultura como um todo. Esse fenômeno é frequentemente chamado de *"lei das consequências não pretendidas"*. Exemplos: a) Na década de 1950, nin-

guém poderia prever que o software se tornaria uma tecnologia indispensável para negócios, ciência e engenharia; b) Com o software, novas tecnologias foram criadas (por exemplo, a engenharia genética); c) A extensão de tecnologias existentes com o uso do software (por exemplo, a área de telecomunicações); d) O declínio de antigas tecnologias (por exemplo, a indústria tipográfica); e) A rede mundial de computadores (Internet) evoluiu e ainda vai evoluir e modificar muito a vida das pessoas e a forma como as empresas atuam. Ninguém poderia prever que o software estaria embutido em sistemas de toda espécie: transporte, medicina, telecomunicações, militar, industrial, entretenimento, máquinas de escritório – uma lista sem fim.

Dê pelo menos TRÊS exemplos adicionais na área de computação (desenvolvimento de software) que se enquadram na "lei de consequências não pretendidas".

POSSÍVEL RESPOSTA: como as demais, a questão é aberta. Tópicos que poderiam ser citados: recursos tecnológicos que possibilitam o teletrabalho; aplicação de realidade aumentada; sistemas embarcados em veículos, máquinas, etc.; smartphones, que possibilitam aplicações móveis de várias naturezas; aplicações na área de mobilidade urbana; aplicações de controle de serviços de transporte compartilhados; serviços de streaming, serviços de downloads; jornal digital; criptomoedas; GPS; tradução em tempo real; redes sociais; mídia digital em substituição a VHS e fita cassete; comércio eletrônico; *cloud computing*; internet das coisas; *blockchain*; tecnologia para tratar o *big data*; aplicações de robótica em geral; plataformas de vídeo, jogos, revistas, etc.

4. CRIATIVIDADE

A criatividade é a inventividade, a inteligência e o talento para criar, para inovar. Esta qualidade pode ser nata ou adquirida. É requerida desde sempre ao homem para obter a melhor solução de seus problemas. Sejam eles relacionados à alimentação, ao avanço do progresso científico e tecnológico, ao aumento da riqueza e à busca da sua distribuição, à criação de um modelo de vida que garanta paz entre os homens, e que atenue os problemas de poluição, decorrentes da exploração dos recursos naturais e do aumento populacional do planeta (De Masi, 2003; Houaiss & Villar, 2009).

De Masi (2003, p. 677) afirma que a "criatividade é uma planta delicada, a ser assistida com fantasia e concretude, com diligência ansiosa e competência científica". Planta que não pode ser confiada a gênios (criativos natos) – são raros – para atender necessidades cada vez mais sofisticadas. Como afirmado no início, criatividade adquire-se, exercita-se.

De Masi (2003, p. 705) arremata que a criatividade não tem regras, pois nasce de "almas precoces ou senis, cultas ou primitivas, e pode assumir as formas mais diversas", algumas vezes aparentemente simples, algumas vezes supostamente complexas. A sua força reside na sua multiplicidade, nas suas direções infinitas e imprevisíveis (De Masi, 2003).

Por óbvio, o empreendedor deve ser criativo. Afinal, propor um negócio com chance de sucesso em mercado tão competitivo exige que seja criativo.

O sucesso de um negócio decorre dos seguintes fatos: o empreendedor deve propor ações em seu plano estratégico que levem ao menor custo do produto ou serviço oferecido, produzido em menor tempo, com uma quantidade menor de recursos.

É certo que a mente sem estresse fica mais apta para criar, inovar. Já o sociólogo italiano Domenico de Masi afirmava isto em seus livros "O ócio criativo" e "O Futuro do Trabalho: Fadiga e Ócio na Sociedade Pós-industrial" (De Masi, 2000a, 2000b). Estes momentos em que a mente não tem com que se ocupar, em que ela pode passear livremente, são os momentos apropriados para ideias novas fluírem. Nestes momentos é bom que haja uma forma de fazer anotação para registro dos *insights*.

Particularmente, adoto esta estratégia para escrita da série de meus livros sobre "casos e percepções". Procuro anotar ideias, casos lembrados ou imaginados, frases construídas para ser desenvolvidas adiante enquanto faço minhas caminhadas matinais pela cidade. Depois, retomo de alguma forma estes pensamentos, e os desenvolvo apropriadamente.

Uma estratégia para exercitar a criatividade: as sessões de *brainstorm*. Nestas sessões, uma equipe reúne-se para encontrar a solução de dado problema enunciado. A sessão começa com a lista de todas as ideias que os participantes consigam formular para solução do problema. As ideias são anotadas em um quadro. Toda ideia é bem-vinda. Nesta etapa, nenhuma é descartada, por mais insólita que seja. Quando o grupo não conseguir apresentar nova ideia, então parte-se para a segunda etapa, que consiste em analisar detidamente cada ideia, para determinar sua eficácia ou seu descarte. A equipe toda se concentra em avaliar a ideia, com argumentos pró ou contra. Se a ideia proposta soluciona o problema, o processo é encerrado; se não soluciona, passa-se à próxima ideia da lista, com a análise feita de forma semelhante.

Ricardo Semler (Semler, 2006), em seu livro *"Você está louco! Uma vida administrada de outra forma"*, descreve a forma como seu grupo empresarial investiga ideias para investimentos, planos de trabalho, reformulações organizacionais. Ele cita como justificativa para o título de seu livro o seguinte: se a ideia apresentada pelo colaborador na reunião mensal do comitê "C Tá Loko" não levar à exclamação do título, ela não é suficiente inovadora e não será considerada. O objetivo é contrapor-se aos padrões bem-sucedidos, ao raciocínio de "não se mexe em time que está ganhando". A ideia é exatamente mexer com o que está estabelecido.

4.1 EXERCÍCIOS DE CRIATIVIDADE

1) Traçar quatro linhas, passando pelos nove pontos abaixo, sem tirar a caneta do papel:

2) Considerar a figura abaixo, em que aparece um terreno em formato de "L", deixado como herança a quatro filhos. Divida o terreno em quatro partes iguais, de modo que cada filho fique com área igual e de mesmo formato.

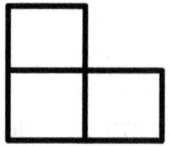

3) Cruz grega: considerar 10 moedas dispostas como abaixo. Para formar a cruz grega, mova duas moedas, de modo que se contem seis moedas na horizontal e seis moedas na vertical da cruz.

4) Quantos quadrados há na figura abaixo:

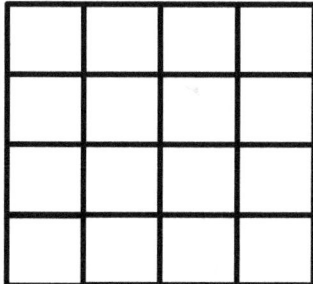

5) Descobrir os códigos registrados na sequência abaixo:

Para desenvolver os dois exercícios seguintes, utilizar a técnica "*brainstorm*" (tempestade cerebral) descrita antes: por meio dela, obtém-se muitas alternativas; da quantidade obtém-se qualidade; a aplicação da técnica envolve adiar os julgamentos.

Portanto, aplicando "brainstorm", resolva os dois problemas abaixo:

a) CÓDIGO-CHAVE:

Qual é a chave para solucionar esta curiosa sequência de números?

3   46 21 7 6   11 16 28 13   23 22   26 42 40 48 30 44 24 46 53

b) QUAL É A MENSAGEM ABAIXO:

B QTLQJOYI MGWVF FUWE BXDRHGKI VOD QQVMHGV, B TGJYSJH MGWVF EWDW QQVMHULA, F BUVMR QQU EKDRYK.

5. AS RELAÇÕES ("NETWORKING")

O estabelecimento de uma rede de contatos é elemento importante para qualquer profissional, em especial para o empreendedor. Esta rede de contatos é chamada de *networking*, em inglês ("trabalhando em rede", em tradução livre). A troca de informações entre profissionais com interesses comuns é um meio para firmar parcerias, fazer ou receber indicações de trabalho. Às vezes, a partir da aproximação natural na convivência em grupo, como na escola, na universidade, na igreja, no clube, na vizinhança, estabelecem-se ligações que podem acabar em relações profissionais. Com o *networking*, o empreendedor exercita sua habilidade nas relações sociais. Pode ser importante para sua atividade de negócio, como pode possibilitar oportunidades para firmar parcerias atuais ou futuras.

Portanto, a habilidade de relacionar-se é fundamental para o *networking*. Não se trata de buscar relações de forma interesseira, visando usufruir vantagens. Pois, dependendo da forma como a abordagem é feita, pode ficar patente o interesse de uma das partes. O ideal é que a aproximação ocorra por interesse das partes, em que ambas se beneficiem com a parceria para troca de informações e de experiências. Se uma das partes é inexperiente e pouco pode ajudar na troca de informações, mesmo assim o outro, na relação, pode beneficiar-se com o aumento das suas referências.

Muitas vezes a ocupação de vagas, principalmente nas empresas particulares, decorre de indicações de conhecidos. Mais um ponto favorável ao estabelecimento de *networking*.

Ao participar de um grupo, sempre nos identificamos mais com umas pessoas do que com outras. Naturalmente, vamos nos aproximar das pessoas com que nos identificamos e nos afastar das outras. Tendo em vista a construção de *networking* ampla, devemos aproveitar a convivência para firmar algum relacionamento com todos, sem nenhuma exclusão.

Algumas regras aceitas do *networking*: ser muito cuidadoso com pedidos a pessoas com quem se busca relacionar; o *networking* efetivo busca auxílio mútuo; quando a reciprocidade não ocorre, há possibilidade de o vínculo não se firmar; o empreendedor deve relacionar-se com o maior número de pessoas; estabelecido o relacionamento, ele deve ser renovado com visitas, com mensagens, para não se perder.

Com o desenvolvimento e a disseminação das tecnologias digitais[8] e da internet, este conceito foi levado para o plano abstrato. Assim, o empreendedor não pode deixar de utilizar esta ferramenta digital, para ampliar e fortalecer seus relacionamentos, colocando-se disponível na rede para que potenciais clientes o vejam, como também acessando parceiros por este meio.

Com estas tecnologias, passou a ser possível a criação de comunidades virtuais, reunindo pessoas que tenham interesses comuns, facilitadas por ferramentas como, dentre outras, o Yahoo! Grupos e o Google Grupos. Uma turma de faculdade pode constituir uma comunidade, já que vai interagir pela vida a fora, compartilhando interesses. Os seguintes recursos estão disponíveis nestes serviços: lista de *e-mails*, armazenamento de arquivos, fotos, *links*, bancos de dados, enquetes, agenda (Furtado, 2014).

Da mesma forma, as redes de relacionamento (ou redes sociais): são sítios cujo objetivo é compartilhar informações, mensagens, interesses (os chamados perfis de usuários – conjunto de coisas que uma pessoa aprecia, não aprecia, *hobbies*, profissão ou qualquer outro interesse que a pessoa deseja compartilhar). São exemplos de redes de relacionamento: *Facebook, MySpace, Linkedin, Twitter, Orkut* (desativada), *Hi5*.

---

[8] Preferimos "Tecnologias digitais" em vez de "Tecnologias de informação e comunicação".

Dois elementos destacam-se nas redes sociais: os atores (pessoas, instituições ou grupos; os nós da rede) e suas conexões (interações ou laços sociais). Os atores representam os nós da rede. São as pessoas envolvidas na rede. Moldam as estruturas sociais por meio da interação e constituição de laços sociais. As conexões são os laços sociais (interação social entre os atores). Constituem o principal foco do estudo das redes sociais, pois é sua variação que altera as estruturas desses grupos. O capital social tem valor constituído a partir das interações entre os atores sociais (Recuero, 2009).

As redes sociais podem formar-se em torno de: blogs, eventos, fotos, vídeos, redes sociais pessoais, *microblogs*, SMS, email, áudio, *wikis*, ferramentas colaborativas, redes sociais de rótulo branco. Como exemplos de cada tipo acima identificado: blogs – WordPress, Blogspot e TypePad; software de eventos – EventFul e Zvents; como software de fotos – Flickr e Zooomr; como software de vídeos – YouTube, Kybe; redes sociais pessoais – Facebook e LinkedIn; como software de microblogs – Twitter, Joiku e Pownce; de SMS – Communications Channel; de e-mails – Bacn; de áudio – ODEO e BlogTalkRadio; de wikis – Twiki, pbwiki e welpaint; de ferramentas colaborativas – Zimbra, Google e Zoho; redes sociais de rótulo branco – Ning (Furtado, 2014).

Uma classificação das redes sociais por objetivo: de relacionamentos pessoais (Facebook, Myspace, Twitter, Tymr), profissionais (LinkedIn), comunitárias e políticas. As redes comunitárias são formadas para compartilhar os interesses de uma comunidade. Recuero (2009) relata a catástrofe ocorrida em Santa Catarina em novembro de 2008 e o importante papel desempenhado por blogs, pelo Twitter e pelas mensagens instantâneas na comunicação dos acontecimentos e na mobilização do país para a ajuda à população afetada pela tragédia. Como exemplo de rede política, Recuero (2009) cita a campanha vitoriosa de Barack Obama por meio do

Twitter (na divulgação dos eventos da campanha) e na divulgação do vídeo "*Yes, we can*", postado no YouTube. Podem-se citar também as últimas campanhas presidenciais brasileiras de outubro/novembro de 2010 e 2014, em que os candidatos exploraram largamente o Twitter e os blogs (Furtado, 2014).

5.1 LEITURA E REFLEXÃO 8

O texto a seguir foi extraído de meu livro "*Páginas Recolhidas: Política, Educação, Administração, Artigos, Valores, Crônicas e Outros Temas*". Belém: abfurtado.com.br, 2009, p. 158-159. Leia!

A ANTIPATIA GRATUITA

No meu curso de Empreendedorismo, há um assunto que julgo muito importante: as relações pessoais. Os americanos chamam este item de "networking". Este tópico é relevante para o empreendedor em razão de que seus primeiros prováveis clientes estão na sua família, nos seus vizinhos, nos seus conhecidos de clube, de religião, na escola, no trabalho, etc. Ora, se convivemos nestes ambientes, e se mantivermos relações amistosas, de cooperação com todos que estão à nossa volta, podemos contar com portas abertas para oferecermos nossos produtos ou serviços.

Em qualquer grupo, sempre haverá pessoas com as quais nos identificamos e com as quais antipatizamos. O comportamento que devemos manter é tratar bem a todos e, sobretudo, não manter inimizades gratuitas. Por mais que venhamos a nos manter a distância das pessoas com que não simpatizamos. Para não fechar uma porta. Sempre!

No meu curso, exemplifico com uma visita que fiz a uma fábrica em Barcarena/PA em companhia do Professor Ralph Wilkerson, da Universidade do Missouri, juntamente com um colega da UFPA.

Fomos recepcionados com fidalguia pelos profissionais designados a nos acompanhar na visita à fábrica. O último compromisso da visita era um breve contato com dois diretores da empresa. Um deles, nos sabendo professores da UFPA, passou a listar críticas aos profissionais formados. Depois vim saber que ele próprio fizera sua graduação na UFPA.

Julguei despropositada a crítica – inoportuna, descabida. Afinal, tratava-se de uma visita de cortesia, para acompanhar o professor americano, interessado em conhecer os grandes projetos instalados no Pará.

Passado pouco mais de um ano desta ocorrência, recebo uma visita em minha na sala na UFPA de uma pessoa interessada numa vaga de professor. Como não sou bom fisionomista, não lembrei, de pronto, de quem se tratava. Afinal, a pessoa se escondia atrás de uma barba espessa e maltratada. Mas havia-me ficado a impressão de que já o conhecia.

E não é que se tratava do diretor da fábrica, que nos havia recebido descortesmente em Barcarena? Nas minhas exposições digo aos alunos que nossa vida dá muitas voltas. É melhor que façamos sempre a distribuição de bondades do que de malvadezas. Nunca sabemos como estaremos depois de cada volta. A respeito da visita recebida, pensei depois que eu poderia tê-lo destratado, pois era o que merecia. Lembrá-lo da inconveniência de seu comportamento, da atitude deselegante e inoportuna, da gratuidade do ataque despropositado. Mas não o fiz. Ao contrário. Até lhe dei o emprego. Na época a legislação permitia e havia a vaga.

5.2 PERGUNTAS A RESPEITO DO TEXTO ACIMA:

1) Que tem a ver com *networking* o caso descrito acima?

2) Qual é a sua apreciação sobre o comportamento do diretor da fábrica?

3) Como ele poderia ter agido ao receber a comitiva da UFPA?

6. NICHOS DE MERCADO

Os nichos são segmentos da clientela de um dado mercado que não são atendidos pelas empresas atuantes. Isto pode ocorrer em razão de o segmento (número de clientes) ser pequeno ou gerar faturamento que não seja atrativo para os concorrentes já consolidados ou maiores, ou não ser área prioritária para eles. O atendimento desta clientela pode constituir-se oportunidade para uma nova empresa instalar-se.

Na área de empreendedorismo trabalha-se com a ideia de identificar nichos de mercado pela maior chance de que a nova empresa se consolide, já que vai atuar em um segmento não ocupado por concorrentes. A chance de a empresa consolidar-se é maior. Consolidada, fortalecida pela ocupação de espaço e pela conquista de clientes, pode passar para embates mais difíceis com concorrentes mais fortes. Se houver a decisão de instalar-se para atuar em segmento com forte concorrência atuante, esta chance diminui bastante.

Uma boa forma de propor um plano de negócio é por meio da identificação de um nicho de mercado. É óbvio que a chance de sucesso do novo empreendimento é maior se o nicho de mercado for bem identificado. Para uma empresa instalar-se em um mercado, é melhor que ela procure diferenciar-se de alguma forma em relação àquelas já instaladas, pela oferta de produto ou serviço que venha ao encontro de necessidades percebidas, mas que as atuantes no mercado não ocuparam ou não têm interesse em atender. Há situações em que uma empresa decide não atuar em dado segmento por limitação do mercado.

Importância de a microempresa ou pequena empresa começar por um nicho de mercado: as empresas instaladas não têm interesse ou ainda não perceberam a oportunidade existente; a pequena empresa pode consolidar-se no mercado a partir de um nicho, expandindo-se depois para outros mercados.

6.1 QUESTÕES

Identifique um nicho de mercado para:

1) o desenvolvimento de aplicativos (pergunta: qual é o aplicativo que está faltando desenvolver?);

2) atuação como consultor na área de computação;

3) atuação em treinamento na área de computação;

4) atuação em suporte técnico;

5) atuação em terceirização em alguma área de Tecnologia de Informação (TI).

7. NOVOS NEGÓCIOS – CAUSAS DE FRACASSO

Um em cada quatro novos negócios não sobrevive ao segundo ano de operação: vão à falência. É preciso saber por que isto acontece para prevenir-se. Na maior parte das vezes a falência decorre de combinação de vários fatores.

7.1 CAUSAS DO FRACASSO DE NOVOS NEGÓCIOS

São listados abaixo fatores determinantes de fracasso de novos negócios; com frequência, como afirmado, o que leva à falência de uma empresa é uma combinação desses fatores:

– *Falta de recursos financeiros*: falta de recursos financeiros para investimento, para capital de giro[9] e para fluxo de caixa[10];

– *Baixa lucratividade*: a lucratividade esperada não se confirmou em razão de custos não estimados corretamente, ou por efeitos da força da concorrência;

– *Limitação do mercado*: os clientes potenciais esperados que a empresa presumia conquistar não aderiram à empresa, em face, por exemplo, de a concorrência estar fortemente estabelecida ou mesmo em razão de limitações do mercado;

– *Efeitos da concorrência*: quem se instala primeiro leva vantagem na conquista de clientes; os preços, os tempos de atendi-

---

[9] Capital de giro é o capital necessário para manter a continuidade das operações da empresa. Por exemplo, recurso para manter estoque, para pagar fornecedor.

[10] **Fluxo de caixa**: refere-se ao fluxo do dinheiro no caixa da empresa, ou seja, ao montante de dinheiro recebido (disponível para efetuar pagamentos) e gasto por uma empresa durante um período de tempo definido, algumas vezes ligado a um projeto específico. O fluxo de caixa refere-se ao movimento de dinheiro no período passado, enquanto o orçamento é o seu equivalente para períodos futuros.

mento e a qualidade do trabalho oferecido pelos concorrentes fidelizam os clientes; isto dificulta a conquista desses clientes por quem acaba de se instalar no mercado; produtos ou serviços oferecidos pelos concorrentes têm boa qualidade, e é difícil desalojá-los do mercado. Em suma, a concorrência é mais forte e está mais bem estabelecida do que se imaginava;

– *Má localização*: para certos tipos de negócios, é determinante a localização da empresa; é o caso de comércio, empresa da área de treinamento. A facilidade de transporte público nas imediações da empresa, de estacionamento, de proximidade de local onde estão os clientes potenciais da empresa;

– *Falta de dedicação, de conhecimento da área associada ao negócio*: a fase inicial de implantação da empresa exige a presença e o envolvimento do empreendedor; se ele não dispõe de tempo nesta fase, isto pode comprometer a consolidação da empresa; o empreendedor pode não ter interesse em dedicar-se a determinadas atividades impostas pelo negócio; ou pode não ter o conhecimento necessário para garantir a operação correta do negócio e nem o interesse em investir na aprendizagem;

– *Falta de tempo*: a tentativa de iniciar um negócio compartilhando com outras ocupações (mesmo, com emprego) são determinantes de fracasso; na fase inicial de implantação de um negócio há demanda de trabalho que só quem se dedique integralmente consegue, a menos que se disponha de uma equipe de colaboradores eficaz e motivada;

– *Instabilidade econômica*: períodos de crise econômica são desfavoráveis à implantação de novos negócios; ocasionais retrações da economia são determinantes de fechamento de negócios;

– *Sócios mal escolhidos*: a escolha de um sócio é questão relevante pelas implicações sobre afinidades pessoais, interesses particulares; características particulares são determinantes para sucesso de uma sociedade: os interesses de atuação de cada sócio e as habilitadas que apresentam; a situação ideal é que cada sócio possa atuar na área em que reúna mais qualificação ou habilidades pessoais; é interessante que os sócios cuidem de áreas diferentes, com bom desempenho, para, no fim, a sociedade beneficiar-se do trabalho de cada;

– *Falta de divulgação*: de nada adianta ter um bom produto ou serviço a oferecer se o mercado em que a empresa atua não tem ciência disto;

– *Qualificação da equipe*: é vital que o pessoal seja capacitado para as tarefas sob sua responsabilidade.

A questão primordial que o empreendedor deve atentar depois da implantação de seu negócio (de sua empresa) é garantir que ele sobreviva. Lembrando: é o mesmo cuidado que se deve ter com uma planta tenra, que precisa de cuidados especiais, de atenção do dono, até que se fortaleça. No caso de um negócio em implantação, a conquista dos primeiros clientes, o esforço para fidelizar estes clientes, o trabalho para conseguir novos sem perder os já conquistados.

Bolson (2006) fez uma lista bem maior, com quarenta causas de fracasso. Dentre as não citadas acima, podemos mencionar: falta de planejamento financeiro; descontrole na liberação de créditos aos clientes; número excessivo de vendas a prazo ou com prazos muito longos; falhas no sistema de cobrança; má negociação de empréstimos feitos; má negociação com fornecedores; dispersão de ações – não focadas no negócio principal; descontrole com impostos e taxas a serem recolhidas; relutância em recorrer a consultorias especializadas, em questões como jurídicas, tributárias e outras; inexperiência gerencial; perda de colaboradores importantes; conflitos entre gerência e subordinados; desmotivação do pessoal; descontrole com custos operacionais; má gestão da área trabalhista (saúde, segurança, direitos); desatenção a mudanças no mercado em que atua; estrutura de produção ou de vendas não acompanha o crescimento da empresa; falta de ousadia na condução do negócio; falhas no controle de qualidade dos produtos e dos serviços; falhas na prestação de serviços aos clientes; marketing deficiente (imagem da empresa, preço, clientela); falhas no controle de estoque; desatenção a mudanças de legislação; receita muito dependente de órgãos públicos; dependência tecnológica para operar; defasagem tecnológica de produtos ou serviços oferecidos;

7.2 QUESTÕES COM RESPOSTAS

1) As organizações continuamente tentam desenvolver estratégias voltadas para a estabilidade de uma posição lucrativa e sustentável. Algumas destas estratégias são listadas abaixo:

1. Estratégia de liderança de custo – Produzir produtos e/ou serviços no menor custo do setor.

2. Estratégia de diferenciação – Oferecer diferentes produtos, serviços ou recursos de produto.

3. Estratégia de nicho – Selecionar um segmento de escopo estreito (nicho de mercado) e ser o melhor em qualidade, velocidade ou custo nesse mercado.

4. Estratégia de crescimento – Aumentar a fatia do mercado, adquirir mais clientes ou vender mais produtos.

5. Estratégia de inovação – Introduzir novos produtos e serviços, colocar novos recursos nos produtos e serviços existentes, ou desenvolver novas maneiras de produzi-los.

6. Estratégia de aliança – Trabalhar com parceiros de negócios em parcerias, alianças, empreendimentos conjuntos ou empresas virtuais.

7. Estratégia de eficácia operacional – Melhorar a maneira como os processos de negócios internos são executados, de modo que uma firma realize atividades semelhantes melhor do que as rivais.

8. Estratégia de orientação ao cliente – Concentrar-se em tornar os clientes satisfeitos.

9. Estratégia de tempo – Tratar o tempo como um recurso, depois gerenciá-lo e usá-lo para o proveito da firma.

10. Estratégia de barreiras à entrada – Criar barreiras à entrada de novos concorrentes.

11. Estratégia de fidelização de clientes ou fornecedores – Encorajar clientes ou fornecedores a permanecerem com você em vez de passar para os concorrentes.

12. Estratégia de aumento de custos de troca – Desencorajar que clientes ou fornecedores passem para a concorrência por motivos econômicos.

Escolha três destas estratégias: a) comente-as e exemplifique-as; b) que estratégias você poderia sugerir para inclusão na lista acima.

RESPOSTA: como as demais, a questão é aberta. a) é mais comum que as organizações adotem combinações das estratégias relacionadas. Ocasionalmente uma empresa pode adotar uma estratégia específica em face de algum diagnóstico particular (insatisfação dos clientes), como a estratégia 8 – orientação ao cliente; ou a estratégia 9 – estratégia de tempo, em que a empresa fica incomodada com o fator "tempo" no seu processo de negócio, em face, por exemplo, de algum benchmarking realizado; b) estratégias que po-

deriam ser sugeridas: estratégia para garantir ampla acessibilidade; estratégia centrada na motivação do pessoal; estratégia de marketing digital; estratégia de diversificação vertical e/ou horizontal; estratégia de sustentabilidade; estratégia de customização de produtos e/ou serviços; dentre outras possíveis.

Neste Capítulo analisamos as causas de fracasso dos novos negócios. O próximo Capítulo aborda os aspectos que facilitam ou garantem o sucesso do empreendimento.

8. ASPECTOS FACILITADORES OU DETERMINANTES DE SUCESSO EM NEGÓCIOS

Para que um negócio se sustente e cresça, é necessário que alguns fatores estejam presentes. Dentre eles, podemos citar: a excelência da qualidade dos produtos ou serviços oferecidos; ações efetivas de marketing para divulgação desses produtos ou serviços e para conquista de clientes.

De nada adianta ter um produto ou um serviço primoroso se os potenciais clientes não o conhecem. Daí a importância das ações para divulgação do que a empresa faz.

Outro fator relevante é a valorização do pessoal envolvido na produção ou na execução do serviço. É necessário manter o quadro de colaboradores motivados para o trabalho, de modo que a qualidade oferecida pela empresa se mantenha e até seja ampliada. Isto pode ser feito por meio de programas de treinamento, disponibilidade de ambiente de trabalho agradável, oferta de planos de saúde, concessão de gratificações ou recompensas por metas atingidas.

A gestão do negócio deve ser realizada com base ações de planejamento, em um sistema de informações eficaz para apoiar a tomada de decisões, e ações de acompanhamento e de controle das operações. Outro fator que se pode acrescentar é o compromisso com a inovação de processos e de métodos de trabalho e com a atualização tecnológica.

Em seguida, detalhamos um pouco mais dois dos aspectos mais importantes para a sobrevivência de negócios: a qualidade (total) de produtos e serviços oferecidos à clientela da empresa e o marketing (ações de divulgação da marca da empresa e de seus produtos e serviços).

8.1 QUALIDADE TOTAL

Um dos fatores determinantes de sucesso é a qualidade do produto ou serviço oferecido pela empresa. Se não houver excelência no que é produzido pela empresa, ela não tem condições de sustentar-se, pois os seus clientes inevitavelmente vão atrás de quem ofereça melhor qualidade.

Na literatura de administração, esta abordagem é referida como Gestão da Qualidade Total (*Total Quality Management* – TQM). Não concentra nos níveis gerenciais a preocupação pela qualidade: estende-o a todos os profissionais da empresa.

A qualidade total é entendida como a extensão do comprometimento de toda a organização com a excelência do que é produzido ou do serviço que é prestado, em todas as instâncias organizacionais (daí a palavra "total" no nome da abordagem). Particularmente, a alta administração tem papel fundamental – com a sua adesão e com o seu engajamento – para que este princípio seja internalizado pela organização. De que forma este envolvimento pode ocorrer? Pela verificação e cobrança contínuas aos níveis gerenciais e operacionais. A busca da melhoria contínua é valor reconhecido por todos. Isto se expressa pela satisfação total dos clientes da empresa. Se houver insatisfação, isto é sinal de que há algo errado ou a melhorar. O que leva à satisfação dos clientes? Ausência de defeitos no que é produzido, menor custo, melhor qualidade, melhor forma de apresentação e de entrega dos produtos, ocorrida na hora em tenha sido acertado.

O princípio que norteia a abordagem é dado pelo acrônimo PDCA (formado pelas iniciais das palavras *Plan; Do; Check; Act to correct* – Planeje; Execute; Verifique; Corrija).

Como complemento à implantação da abordagem a busca de certificação de organizações internacionais (ISO 9000, por exemplo) é um caminho natural.

8.2 LEITURA E REFLEXÃO 9

Extraído (com ajustes e atualizações) de FURTADO, Alfredo Braga. *"Páginas Recolhidas: Política, Educação, Administração, Artigos, Valores, Crônicas e Outros Temas"*. Belém: abfurtado.com.br, 2009, p. 93-94. Leia!

O DESAFIO DA EXCELÊNCIA DA QUALIDADE DE PRODUTOS E SERVIÇOS OFERECIDOS

Os japoneses nos ensinaram que a qualidade pode ser conseguida com atitudes simples. Com a aplicação do método "5S", pode-se melhorar muito a gestão da qualidade. Esta abordagem mostra, de maneira clara, que a simplicidade é a grande meta a perseguir. Aplicando o que preceitua cada "S", atingiremos bom nível de qualidade nos produtos/serviços que desenvolvemos.

O princípio "Seiri" (senso de utilização) propugna que se tenha somente o necessário, na quantidade certa; o excesso deve ser descartado. Isto vale para itens estocados em geral como também para papéis e utensílios que não descartamos, com o temor de um dia utilizarmos. Ao cabo de um, dois anos, percebemos a inutilidade de ter conservado aquelas coisas. Benefícios: liberação de espaço; evitar compras desnecessárias.

O princípio "Seiton" (senso de arrumação) preceitua que devemos manter arrumadas nossas ferramentas de trabalho, nossos livros, CDs, DVDs, revistas. Deve haver "um lugar certo para cada coisa, e cada coisa deve ser mantida no seu lugar". Veja: quanto não se ganha de tempo com este preceito que, de tão simples, não entendemos por que não o empregamos sempre! Quando não observamos este preceito, o resultado são situações estressantes: temos pressa em utilizar algo, não o encontramos pela desorganização, o estresse nos acomete. Benefícios: redução do tempo de busca do que se deseja; produtividade maior.

O principio "Seisoh" (senso de limpeza) estabelece que nosso ambiente de trabalho deve ser mantido sempre limpo, higienizado, com um cesto à mão para os descartes necessários, paredes com pintura renovada, ventilado, arejado, sonorizado agradavelmente. Benefícios: ambiente de trabalho agradável; melhor imagem da empresa.

O principio "Seiketsu" (senso de normalização) defende que nos conservemos mentalmente obedientes às normas e sistemáticas estabelecidas, concentrados no que temos que fazer. Por não aplicar esta regra, desperdiçamos muito de nosso tempo e de nosso trabalho (que precisa ser refeito quando não é desperdiçado completamente). O sociólogo italiano Domenico de Masi chega a acrescentar a necessidade de intervalos generosos de tempo para a reflexão, para o pensamento, até mesmo para o ócio; isto é quando as portas para a criatividade são abertas, para a percepção de coisas que a hiperatividade não permite enxergar (De Masi, 2000a), (De Masi, 2000b). Portanto, é recomendável a quebra de rotina, com pedaços de tempo destinados a coisas não convencionais. Benefícios: prevenção de acidentes; motivação pessoal; melhoria da qualidade de vida.

O principio "Shitsuke" (senso de autodisciplina) traz a necessidade da disposição para o cumprimento de regras, de normas, de rotinas de trabalho, obediência à ética e aos padrões da empresa. Mas não só isto. Este princípio vai além, porque busca o aperfeiçoamento, a melhoria constante. Uma norma estabelecida pode ser mudada, se se comprova que pode ser melhorada. Novas formas de trabalho são bem-vindas. Busca-se a melhoria contínua. Benefícios: obediência a requisitos de qualidade; desenvolvimento pessoal.

Percebo que fazer o simples é o mais difícil de conseguir; quando não dominamos algo suficientemente bem, o caminho que escolhemos é sempre o mais complexo, e que, por isso, precisará *de ajustes adiante. Até chegarmos ao simples, que era o nosso alvo. Portanto, chegar ao método simples para fazer algo exige conhecimento, maturidade, aplicação, avaliação, várias tentativas.*

Com o tempo, o método "5S" foi ampliado para "8S", incorporando três outros sensos antes não considerados (Albuquerque, 2017).

O princípio "Shikayaro" (senso de equipe) diz respeito ao trabalho em equipe, elemento imprescindível na organização moderna, em que cada participante acrescenta suas habilidades pessoais em favor do trabalho da equipe. Manter motivação, exercício da liderança. Benefícios: melhoria das relações interpessoais; fortalecimento do sentimento de grupo.

O princípio "Shido" (senso de capacitação, de treinamento) refere-se às habilidades que cada membro agrega à equipe após programas de capacitação, habilitando-o a desenvolver o trabalho de que foi incumbido, e garantindo maior empregabilidade. Benefícios: desenvolvimento de talentos; empregabilidade; maior produtividade.

O princípio "Setsuyaki" (senso de economia e de eliminação de desperdícios) está associado ao combate de desperdícios de toda natureza que possam ser encontrados na empresa. Benefícios: redução de desperdícios.

O princípio "Shisei rinri" (senso de princípios morais e éticos) diz respeito ao compromisso com padrões éticos, identificando a conduta correta dos empregados, e restrita obediência à legislação vigente. Benefícios: cumprimento dos padrões de conduta; eliminação da corrupção como prática no ambiente da empresa; conduta ética com clientes e fornecedores.

O princípio "Sekinin Shakai" (senso de responsabilidade social) refere-se ao compromisso da empresa com a sociedade, suas carências, seus problemas. Este princípio, portanto, vai além do pagamento de impostos e tributos, obediência à legislação trabalhista, ambiental. Benefícios: melhora a imagem da empresa; melhora a sociedade em que a empresa está inserida.

8.3 LEITURA E REFLEXÃO 10

O texto a seguir foi extraído e adaptado de FURTADO, Alfredo Braga. "Páginas Recolhidas: Política, Educação, Administração, Artigos, Valores, Crônicas e Outros Temas". Belém: abfurtado.com.br, 2009, p. 94-95. Leia!

OS DEZ PRINCÍPIOS DA QUALIDADE

Extraí o decálogo abaixo de ANTONIONI, J. & ROSA, N.B. "Qualidade em Software: Manual de Aplicação da ISO-9000". São Paulo: Makron, 1995, 108p. Os autores citam que o decálogo faz parte do Manual dos Princípios da Qualidade, do SEBRAE (sem referências maiores acerca da obra). Reproduzo abaixo o decálogo (SEBRAE) (Antonioni & Rosa, 1995), com meus comentários:

01) **Total satisfação dos clientes***: o cliente é a principal razão da existência de uma empresa. Deve ser tratado com toda deferência possível. É atendido, sendo possível, em todas as suas necessidades. Quando houver algum obstáculo para atendê-lo, o empreendedor deve procurar esclarecer as razões do não cumprimento. A capacidade de comunicação e a capacidade de argumentação são exigidas do empreendedor para explicar suas razões de forma compreensível aos clientes.*

É importante ressaltar que o empreendedor deve planejar sempre suas interações com os clientes. Havendo algum compromisso assumido, este deve ser cumprido rigorosamente. Caso haja algum impedimento de última hora de parte do empreendedor em resgatar este compromisso, ele deve contatar de alguma forma (por telefone, por e-mail), notificando-lhe do ocorrido e procurando marcar nova data. Da mesma forma, assumido o compromisso de entrega de algum artefato (relatório, consulta ou qualquer outro documento), percebendo-se sua impossibilidade de atendê-lo, o empreendedor deve procurar notificá-lo o mais cedo possível, explicando-lhe as razões da quebra da data e negociando novo prazo. Não é nem preciso dizer que a nova data deve constituir para o empreendedor um marco impostergável. É interessante como este padrão de comportamento é relevado pelos profissionais em início de carreira. Com o passar dos anos, eles se dão conta da importância de prezar sua palavra empenhada.

02) **Gerência participativa**: *estimular que todos apresentem sugestões, opiniões; valorizar as ideias apresentadas pelos colaboradores; destinar recursos para a implementação das ideias melhor avaliadas.*

03) **Desenvolvimento de recursos humanos**: *valorização do pessoal, buscando a motivação de todos; ênfase forte na qualificação do pessoal; adotar a política de treinamento constante.*

04) **Constância de propósitos**: *objetivos claros e metas bem definidas; cada colaborador deve saber exatamente o que se espera dele na consecução dos objetivos organizacionais. Quadros com estes objetivos expressos em poucas palavras devem ser fixados nas paredes para trazer sempre a lembrança os compromissos de todos.*

05) **Aperfeiçoamento contínuo**: *buscar a melhoria contínua, inovar, assumir o desafio de experimentar novas abordagens, novos métodos, novas ferramentas, com vista a melhorar o processo, a fazer mais rapidamente, com melhor qualidade;*

06) **Gerência de processos.** *Os processos precisam ser gerenciados: aqui o instrumento da medição deve prevalecer, possibilitando comparações de resultados obtidos com as médias de produtividade documentadas em projetos anteriores. Esta sistemática (quantitativa) dá mais valor para o processo de avaliação.*

*07) **Delegação**: o poder de decisão o mais perto de onde ocorre a ação. Ao gerente, feita a delegação, cabe o acompanhamento e o controle indissociável das ações delegadas.*

*08) **Disseminação de informações**: o propósito é garantir transparência e agilidade às decisões. Canais de disseminação de informações devem ser previstos de modo que as decisões cheguem a todos que delas precisem tomar ciência.*

*09) **Garantia da qualidade (padronização e documentação)**. O objetivo é "fazer certo sempre"; processos estáveis, normas e procedimentos formalizados garantem isto;*

*10) **Não aceitação de erros**: buscar "zero erro". A ocorrência de erros é fato determinante da análise criteriosa em busca de sua causa, para que iniba sua reincidência.*

8.4 MARKETING

É a área de conhecimento com atuação empresarial, cujos objetivos são: identificar os anseios e as necessidades do consumidor de uma organização, e buscar formas para atendê-las.

Cabem também à área de marketing a realização de estudos para quantificação de mercado, para determinação de preços, a escolha de canais e formas de venda dos produtos ou serviços da empresa, o planejamento e a execução das estratégias de divulgação a serem adotadas pela organização e o estabelecimento de metas de venda e de estratégias para alcançá-las.

Cabe ainda à área de marketing a realização de prospecções para o desenvolvimento do negócio da empresa, para valorização da marca da empresa e para o lançamento de novos produtos ou serviços, a implementação de ações de CRM (*Customer Relationship Management* – Gestão de Relacionamento com o Cliente) para fidelização de clientes, análise de satisfação da clientela no pós-venda. As ações de Marketing visam, a um só tempo, manter os clientes que a empresa já dispõe como também conquistar novos.

Com relação aos meios de divulgação para os produtos ou os serviços da empresa, para a sua imagem, há várias alternativas a serem consideradas. A melhor escolha é aquela que alcança diretamente o cliente com interesse para o produto ou o serviço oferecido. Assim, se vamos divulgar um produto ou um serviço que interesse advogados, a alternativa de melhor custo/benefício é aquela em que a mensagem chega a este público específico. Escolher um meio que atinja um público mais amplo, como, por exemplo, um jornal local, pode ter custo alto, sem eficácia.

Dentre as alternativas de divulgação, podem-se citar: jornais locais, jornais regionais, rádios, tevês, catálogos, revistas de circulação nacional e local, campanhas de mala direta, campanhas por e-mail, campanhas em redes sociais, telemarketing, oferta de amostras de produto em locais de ampla circulação, cartazes, newsletters, participação em eventos especiais, *outdoors*, divulgação em *sites* e em portais da empresa.

A escolha do veículo de divulgação precisa ser bem estudada para alcançar seu objetivo. O meio de divulgação a ser escolhido deve ser aquele que faça com que sua mensagem chegue ao maior número de potenciais clientes do produto ou serviço ofertado com menor custo.

Abaixo, relato um caso de erro que cometi nessa área, decorrente de desconhecimento. Por limitação de recursos e voluntarismo, às vezes, o empreendedor toma decisões sem base em informação. E paga caro por isto. Depois do episódio, ele constata o erro cometido. E aprende! Aprendizado caro! Não é a melhor forma de aprender, certamente. Há duas formas de aprender com o erro: com os próprios erros ou com os dos outros. A aprendizagem com o erro dos outros se dá por leitura, por vídeo, por contato direto com quem detenha conhecimento na área em questão. A aprendizagem com os erros próprios é inevitável, às vezes: ocorre quando somos levados a tomar decisão sem dispor das informações necessárias. Leia a nota abaixo intitulada "Erro é para aprender".

8.5 LEITURA E REFLEXÃO 11

Extraído de FURTADO, Alfredo Braga. *"Casos e Percepções de um Professor"*. Belém: abfurtado.com.br, 2016, p. 145-148. Leia!

ERRO É PARA APRENDER

Em iniciativa empreendedora, aprende-se muito. Foi assim comigo e meus sócios. Nada conhecíamos de marketing. Sempre achamos que podemos fazer qualquer atividade que exija conhecimento técnico. Às vezes, as condições financeiras impõem isto.

Ora, quem está iniciando uma empresa não dispõe de recursos suficientes para dar conta de todas as necessidades da partida: conhecimento contábil, cálculo dos tributos, conhecimento mercadológico, legislação de pessoal, além de tudo que diga respeito à legislação referente à própria área do negócio.

Precisando ampliar o número de clientes, sabíamos que tínhamos que divulgar nossos serviços utilizando os meios de comunicação. A primeira dúvida: qual escolher? Rádio, jornal, mala direta, televisão, outdoor, panfletagem, internet, etc.?

O natural seria procurar um especialista na área de marketing, por intermédio de uma agência de publicidade. Esta solução esbarrava, porém, numa dificuldade: inexistência de recursos para pagar este trabalho. O novel empreendedor decide, então, ele próprio fazer os anúncios.

Foi o que fizemos. Preparamos o anúncio e escolhemos o meio de divulgação que julgávamos adequado para difundir nossos serviços. Optamos por anunciar em jornal. Procuramos o de maior circu-

lação para publicar o anúncio, em edição dominical. Esta edição é a mais cara, pois a tiragem do jornal é maior nos domingos.

Anúncio pronto, meio de comunicação escolhido, enviamos o trabalho para publicação. Julgávamos que na segunda-feira mesmo começaríamos a ampliar o número de clientes do serviço que oferecíamos.

Lamentável engano! O custo de um quarto de página na edição dominical em dado caderno custava, a preços de hoje, algo como seis mil reais. No fim da segunda-feira constatamos que tínhamos queimado este dinheiro: não tínhamos conquistado um escasso cliente sequer. Saldo: meia dúzia de ligações que não resultaram em negócio. Eu me imaginava pondo fogo em um pacote de sessenta cédulas de cem reais.

Concluímos que tínhamos que procurar uma agência de publicidade. Quem sabe um profissional especializado não nos ajudaria a alcançar o objetivo? Afinal, não é válido o ditado "cada macaco no seu galho"? Lembramos que nós mesmos criticamos os empresários que contratam profissional não especializado para informatizar suas empresas: seus resultados não são satisfatórios por causa disso. E percebemos que estávamos fazendo exatamente o que criticávamos.

Decisão tomada, procuramos uma agência. O próprio dono nos atendeu e procurou informar-se sobre o que pretendíamos anunciar. Obteve todas as informações necessárias, prometendo que, dois ou três dias depois, traria um plano de divulgação e algumas opções de anúncios para analisarmos.

Isto feito, recebemos três anúncios para análise. Percebemos que nossos serviços estavam postos usando jogos de palavras e ilustrações que chamavam atenção do leitor para a mensagem. Fizemos a escolha do anúncio entre as opções propostas pelo publicitário. Discutimos rapidamente onde anunciar. Cogitamos a televi-

são, mas o preço estava fora de nosso alcance. Permanecemos no jornal dominical. Assinamos a proposta de veiculação. Tínhamos trinta dias para pagar a veiculação e o trabalho da agência. Ora, com o resultado da divulgação teríamos o faturamento esperado e pagaríamos tudo. Esta a nossa esperança. Daí em diante, com os clientes conquistados, aumentaríamos nosso faturamento.

Agora vai! É pôr no jornal e ampliar o faturamento!

Mais um engano drástico! A enxurrada de ligações que esperávamos não se confirmou novamente. Mais dinheiro queimado!

Analisamos tudo o que fizemos em busca de saber onde estava o erro. Depois de discussões, concluímos que talvez o cliente que queríamos atingir com a mensagem não a estava recebendo, afinal nosso serviço era diferenciado e tínhamos certeza que havia clientela potencial para o que era oferecido.

Concluímos: a tiragem dominical é de cerca de sessenta mil exemplares, mas poucos dos nossos clientes potenciais leem o jornal. Tínhamos que redirecionar nossa publicidade. Seguidos anúncios dominicais divulgavam a empresa no mercado sem ampliar a clientela. E havia o preço (alto) desta publicidade, e não dispúnhamos de folga de recursos para isso.

A partir daí resolvemos fazer publicidade direcionada para o cliente potencial. Como oferecíamos um seminário, então deveríamos fazer com que o folheto de divulgação chegasse às mãos dos profissionais interessados no seu conteúdo. Fazendo assim, rapidamente conseguimos tornar viável o evento, a um custo baixíssimo.

A partir desta constatação, passamos a racionalizar os custos da publicidade, questionando primeiro onde mesmo estavam os clientes a serem atingidos e por que meio conseguiríamos fazer-lhes chegar às mãos as informações necessárias para sua decisão. Se o que tínhamos era um programa dirigido para advogados, como contatá-los? Ora, uma forma seria encaminhando um vendedor ao seu escritório para demonstrar-lhe o produto, se tivéssemos listagem com seus endereços. Como obter esta listagem? Poderíamos obtê-la a partir de um catálogo telefônico. Outra forma seria adquirindo da própria OAB regional. O custo para fazer com que o cliente potencial tenha ao seu alcance a publicidade é bastante reduzido.

O aprendizado que este episódio ofereceu foi valioso.

Na sua trajetória, o empreendedor comete seguidos erros. Alguns muito caros. Se tiver a percepção de identificá-los, e vier a fazer as correções devidas, terá valido para seu aprendizado.

Com relação aos sistemas existentes para suporte ao desenvolvimento de novos negócios, as três instâncias de governo têm interesse na criação de ambiente favorável ao empreendedorismo e à inovação, em que, não só haja formação com base tecnológica, como também o incentivo com a disponibilidade de recursos para quem deseja empreender. Isto significa riqueza para o município, para o estado e para o país, na forma de mais emprego, de mais competitividades, de mais atividade econômica e, consequentemente, mais crescimento e mais impostos.

Aliam-se às instâncias de governo, as próprias forças produtivas – as federações da indústria, do comércio, as associações de classe – os organismos autônomos como o SEBRAE – que auxiliam o desenvolvimento de micro e pequenas empresas, as incubadoras de base tecnológicas ligadas às instituições de ensino superior, como exemplo a Universitec (UFPA).

O próximo Capítulo mostra como elaborar o plano, com o qual o empreendedor fornece informações sobre o negócio proposto, com o objetivo de obter recursos de agentes financiadores ou de incubadoras de novos empreendimentos.

9. PLANO DE NEGÓCIO

Plano de negócio é o documento por meio do qual o empreendedor fornece informações sobre o negócio que pretende iniciar. A elaboração do documento é necessária para obtenção de investimentos por parte de agências de fomento, seja municipal, seja estadual ou federal, ou incubadoras de empresas existentes em instituições de ensino superior, ou mesmo instituições particulares que incentivem o empreendedorismo. Com base em análise do plano de negócio é que investimentos são realizados pelos agentes financiadores, se julgarem que o negócio é atrativo. Outra situação em que se elabora plano de negócio é quando a empresa decide abrir nova área de atuação, ou novo produto, ou decide atuar em novos mercados (Ferrari, 2010).

Constam dos modelos de planos de negócio, basicamente, as seguintes informações: definição clara do negócio (produto ou serviço que se pretende oferecer, estratégias que se pretende adotar), plano de marketing (forma de conquista de clientele para a empresa), estudo da concorrência instalada, investimentos exigidos pelo negócio, projeção de receita da novel empresa para um dado período de tempo (um ano, por exemplo), expectativa de despesas no período considerado, e demonstrativo dos resultados obtidos, que atestam que o negócio é sustentável.

Ao elaborar o plano de negócio, o empreendedor se direciona a buscar todas as informações necessárias sobre seu produto ou serviço, a ficar ciente do potencial dos concorrentes que vai encontrar, a saber os prós e os contras de seu produto ou serviço, e do da concorrência. Assim, ele pode avaliar a viabilidade de seu negócio antes de executá-lo. Sempre haverá incerteza, e isto é inevitável na área de negócios. Com o plano, busca-se diminuir esta incerteza.

Os modelos de plano de negócio são vários, dependendo dos agentes financiadores ou programas de incubação de empresas.

Por exemplo, o Programa de Incubação de Empresas de Base Tecnológica da UFPA (PIEBT) – chamado Universitec – oferece vagas para empresas associadas e para empresas residentes em suas instalações no Campus Universitário do Guamá. O objetivo do programa é oferecer apoio gerencial e tecnológico que leve à criação de empresas ou à consolidação de empresas existentes, desde que tenham base tecnológica. As áreas preferenciais de atuação do programa são Tecnologia da Informação e Comunicação (TIC), Biotecnologia, Produtos Naturais (alimentos, cosméticos, perfumaria, fitoterápicos), Tecnologia Mineral, Design, Energia e outras atividades da indústria de transformação (Universitec, 2017).

O formulário constante do último edital da Agência requeria que as propostas tivessem base tecnológica, para projeto de produto, processo ou serviço, intensivos em conhecimento. As informações fornecidas pelo empreendedor para a seleção:

DESCRIÇÃO GERAL DO NEGÓCIO *(Descrever, de forma objetiva: o que a empresa pretende fazer; qual mercado ou segmento pretende atingir; baseado em quais competências/experiências/tecnologias e estimulado por quais tendências de mercado)*

E DO PRODUTO/SERVIÇO *(Descrever, para cada produto ou linha de produtos: as características detalhadas do produto em termos de função/aplicação; técnicas produtivas; infraestrutura de produção; vantagens competitivas; custo do produto, preço, histórico de vendas (se for o caso); estimativa de vendas baseadas no valor potencial do mercado).* **(ITEM DE PRENCHIMENTO OBRIGATÓRIO E DE CARÁTER ELIMINATÓRIO)**

O QUE O LEVOU A BUSCAR O APOIO DA INCUBADORA E QUAL A SUA EXPECTATIVA?

Basicamente, o plano de negócio deve responder as seguintes questões: qual é o negócio? que se pretende vender? para quem? qual é a concorrência instalada? quais as estratégias adotadas para produção e divulgação do produto? que investimento inicial é exigido pelo negócio? que retorno haverá sobre o investimento? quais são os fatores críticos de sucesso neste negócio?

9.1 PLANO DE NEGÓCIO SIMPLIFICADO

O modelo a seguir foi proposto pelo Professor Fernando Dolabela em curso ministrado em Belo Horizonte 20 anos atrás para representantes de cursos de ciência da computação do país. O compromisso dos participantes era com a introdução de disciplina relacionada à área de empreendedorismo nos currículos dos cursos. O plano contempla cinco itens: a definição do negócio, o plano de marketing, o estudo da concorrência, a relação dos investimentos necessários para a partida da empresa e a análise financeira, demonstrando a sustentabilidade do negócio após dado período de tempo (um ano ou dois).

NOME DA EMPRESA:
1 - DEFINIÇÃO DO NEGÓCIO

1.1 - Qual é o negócio da empresa? (O motivo da sua criação)

1.2 - Qual o ramo do negócio?

1.3 - Quais são os clientes? Perfil.

1.4 - Quais são as necessidades dos clientes?

1.5 - Qual será a forma de atender às necessidades dos clientes?

2 - PLANO DE MARKETING

2.1 - Descrição do Produto.

2.2 - Qual o diferencial, a vantagem competitiva?

2.3 - Definição do preço.

2.4 - Propaganda.

2.5 - Escolha do ponto. Distribuição do produto.

2.6 - Previsão de vendas. (unidades)

3 - CONCORRÊNCIA - Analise a concorrência.

4 - INVESTIMENTOS   (US $)

4.1 - Móveis e equipamentos
|_____|

4.2 - Veículos
|_____|

4.3 - Reformas (quando não for manutenção preventiva)
|_____|

4.4 - Despesas pré-operacionais
|_____|

4.5 - Outros
|_____|

TOTAL
|_____|

5 - ANÁLISE FINANCEIRA   (US $)

5.1 - Custos dos produtos

a) Custo do produto (material)
|_____|

b) Salários e encargos pessoal (da produção)
|_____|

c) Depreciação de máquinas de produção
|_____|

d) Manutenção de máquinas de produção
|_____|

5.2 - Despesas operacionais

a) Salários e encargos pessoal (administrativo)
|_____|

c) Prestação de serviços (contador)
|_____|

d) Aluguel
|_____|

e) Manutenção (máquinas da administração)
|_____|
f) Comissões de vendedores/representantes
|_____|
g) Outros
|_____|

TOTAL DOS CUSTOS
|_____|

5.3 - RECEITA

a) Preço de venda
|_____|
b) Quantidade vendida
|_____|

RECEITA TOTAL
|_____|

5.4 - DEMONSTRATIVO DOS RESULTADOS

DISCRIMINAÇÃO	VALOR
1 - Receita bruta de vendas	
2 - (-) Deduções da receita bruta (impostos 21 %)	
3 - (=) Receita líquida de vendas	
4 - (-) Custos dos produtos vendidos (item 5.1)	
5 - (=) Margem de contribuição bruta	
6 - (-) Despesas operacionais	
7 - (=) Lucro operacional	
8 - (-) Imposto de renda (Lucro presumido calculado sobre a receita bruta: 1,2 %)	
8 - Lucro líquido	

9.2 EXPLICAÇÃO ACERCA DOS ITENS DO FORMULÁRIO:

Explicação sobre os itens acima:
4.1 – Móveis e equipamentos necessários para a empresa iniciar suas operações;
itens 4.2 e 4.3 (autoexplicativos);
4.4 – Despesas pré-operacionais: despesas anteriores ao começo do funcionamento da empresa: por exemplo, assessoria contábil para elaboração do contrato e registros necessários (Receita Federal, Junta Comercial, Prefeitura, etc.);
4.5 – Outros: outras despesas que não se enquadram nos itens acima.

Explicação sobre os itens acima:

5.1 – Custos dos produtos:
a) Custo do produto (material): custo do material necessário à confecção/elaboração do produto;
b) Salários e encargos pessoal (da produção): autoexplicativo;
c) Depreciação de máquinas de produção: considerar uma taxa de depreciação de 10% ao ano, provisionando recursos para reposição de máquinas;
d) Manutenção de máquinas de produção: provisionar recursos para manutenção das máquinas.

Explicação sobre os itens acima:

5.2 – Despesas operacionais:
a) Salários e encargos pessoal (administrativo): autoexplicativo;
b) Prestação de serviços (contador): provisionar um salário mínimo;
c) Aluguel: autoexplicativo;
d) Manutenção (máquinas da administração): autoexplicativo;
e) Comissões de vendedores e representantes: autoexplicativo;
f) Outros: outras despesas que não se enquadrem nos itens anteriores.

Explicação sobre o item acima: totalizar os itens 5.1 e 5.2.
Atenção: deve-se considerar, para efeito de cálculos dos custos, um ano de projeção.
Explicação sobre os itens acima: 5.3 – Receita: a) Preço de venda: valor de venda do produto/serviço; b) Quantidade vendida: autoexplicativo.

Atenção: deve-se considerar, para efeito de cálculos da receita, um ano de projeção (mesmo período dos custos – itens 5.1 e 5.2 acima.

5.4 - DEMONSTRATIVO DOS RESULTADOS (autoexplicativo; obedecer ao roteiro constante do quadro).

10. O EMPREENDEDOR E O EMPRESÁRIO

Este Capítulo estabelece a distinção entre empreendedor e empresário. O empreendedor é quem concebe e constrói empresas. Ao fazer isto, ele torna-se empresário. O empresário – como aquele que administra uma empresa – não necessariamente foi o criador da empresa; pode ter sido designado para a função de administrá-la. Dessa forma, um empresário pode não ter espírito empreendedor. Normalmente, o empreendedor torna-se empresário.

10.1 EMPREENDEDOR

Ferrari (2010, p. 2) define empreendedor como "aquele que aceita a responsabilidade de construir empresas, cidades e países. É aquele que considera que é seu papel transformar a sociedade". O empreendedor tem iniciativa, procura exercer influência, não se acomoda. Não se conforma com situações adversas. Diante destas condições, ele vai atrás de superar os problemas. O empreendedor é um visionário, no sentido do conceito de "visão do futuro" citado no Capítulo 2.

10.2 HABILIDADES DO EMPREENDEDOR

Algumas capacidades são reconhecidas como necessárias para o empreendedor fazer o seu papel. A primeira das quais é a capacidade de assumir riscos. Uma característica forte da atividade empreendedora é a incerteza envolvida: não há como garantir sucesso em um negócio. É óbvio que a identificação dos fatores críticos de sucesso antecipadamente permite que sejam monitorados, com maior chance de atenuação de seus efeitos se ocorrerem.

A habilidade de detectar oportunidades de negócio é outra característica do empreendedor de sucesso. Perceber oportunidades e antecipar-se aos concorrentes é vital para o sucesso do empreendedor. Quem toma a dianteira em um negócio leva vantagem sobre a concorrência.

O conhecimento da área de atuação do negócio possibilita melhores decisões – por isso este conhecimento é exigido.

Outra habilidade do empreendedor é o senso de organização: tomar um processo com alguma redundância de passos e outros desnecessários exige que o empreendedor o simplifique, o racionalize, o organize.

O empreendedor trabalha com equipe, equipe precisa de um líder; o empreendedor precisa assumir este papel.

O empreendedor é agente de seu próprio sucesso: a capacidade que o move é a busca da sua realização.

A essência do empreendedor é a confiança no que faz; por isso o empreendedor é otimista.

A percepção de oportunidades que se apresentam diante das pessoas não é notada por todos; o empreendedor se destaca pelo seu tino empresarial.

10.3 EMPRESÁRIO

Empresário, segundo Houaiss & Villar (2009, p. 743), é "aquele que é dono ou dirigente de uma empresa (organização), ou que opera no agenciamento de negócios". Observe que o sentido da palavra empresário é mais restrito. Podemos encontrar empresário que não tem espírito empreendedor. O empreendedor pode vir a tornar-se empresário e ter excelente atuação como tal.

Portanto, reforçando o papel do empreendedor (Ferrari, 2010, p. 4):

- Aceita ser chamado para ser líder; considera que é sua responsabilidade transformar a sociedade;

- Escolhe ter papel ativo na construção de seu futuro; constrói visões positivas para o futuro; faz planos para o futuro; toma decisões focando o futuro; transforma o futuro;
- Estabelece metas de longo, médio e curto prazo; verifica o cumprimento de metas sistematicamente;
- Vive em busca de oportunidades;
- Não copia opiniões e valores; mantém a independência;
- Consegue assimilar derrotas; persiste;
- Assume riscos calculados;
- É capaz de se relacionar; forma rede de relacionamentos; exerce liderança com base em bom relacionamento com as pessoas;
- Forma equipes; enxerga as pessoas como o principal componente das soluções;
- Demonstra capacidade de comunicação e persuasão; carisma;
- Inspira sonhos elevados nas pessoas; por onde passa, espalha otimismo e esperança;
- Sonha, mas também faz planos e os executa; trabalha; dá o seu melhor em qualquer tipo de atividade.

10.4 ATIVIDADE:

1) O que você pode dizer sobre sua visão de futuro? Falar sobre a vida pessoal e a vida profissional.

2) Cite pelo menos três motivações diferentes para empreender.

3) Na área de software, cite exemplos de (a) inovação que implicaram em melhoria de produtos existentes; (b) inovações que possibilitaram o lançamento de novos produtos.

4) Cite exemplos de revolução tecnológica que tenham trazido novos conceitos e novos hábitos de consumo.

5) Exercício de futurologia (reunir-se em grupo de até 4 alunos para responder): Quais serão os próximos paradigmas tecnológicos na área de computação?

11. A EMPRESA E SEUS OBJETIVOS

Maximiano (2006, p. 7) define empresa como "uma iniciativa que tem o objetivo de fornecer produtos e serviços para atender as necessidades de pessoas, ou de mercados, e com isso obter lucro. Para obter lucro e atender o compromisso com sua prosperidade, o empreendedor precisa adquirir recursos, estruturar um sistema de operações e assumir um compromisso com a satisfação do cliente".

A definição de Maximiano apresenta os elementos essenciais de uma empresa de propósito geral: o objetivo é fornecer algum produto ou serviço, com vista à obtenção de lucro, que remunera seus investidores. Produto ou serviço, produzido ou elaborado com tal qualidade que atenda aos seus clientes.

11.1 CLASSIFICAÇÃO DAS EMPRESAS PELO PORTE

As empresas podem ser segmentadas de acordo com diferentes critérios, como o número de empregados e o faturamento anual, em:

- *Microempresas (ME):* receita bruta igual ou inferior a R$ 360.000,00.
- *Pequenas empresas (EPP):* receita bruta superior a R$ 360.000,00 e igual ou inferior a R$ 3.600.000,00.

As ME e as EPP podem optar pelo Sistema Integrado de Pagamento de Impostos e Contribuições das Microempresas e das Empresas de Pequeno Porte, conhecido como Simples Nacional, instituído em 1997 pela lei nº 9.317, de 1996.

- *Empresas de porte médio (EPM):* é caracterizada pela quantidade de empregados que ela possui, segundo o IBGE. Se for indústria, é considerada como média empresa se tiver de 100 a 499 empregados. Caso ela seja uma empresa comercial ou de serviços ela poderá ter de 50 a 99 empregados para ser considerada uma empresa de porte médio. Ela também poderá ser considerada média se tiver de receita bruta anual mais de R$ 3.600.000,00.

- *Empresas de grande porte (EGP):* segundo o IBGE, se for do ramo industrial, a empresa é considerada de grande porte se tiver mais de 500 empregados; se for do ramo de Comércio ou Serviços, se tiver mais de 100 empregados. Mas não existe fundamentação legal sobre a classificação por quantidade de empregados. Há leis que estabelecem as condições para uma empresa ser EGP. Por exemplo, a Lei N° 10.165, de 27/12/2000, estabelece que a empresa é de grande porte se tiver receita bruta anual superior a R$ 12.000.000,00.

Resumindo (Dolabela, 1999):

- *Microempresa*

    - Receita bruta anual igual ou inferior aa 96000 UFIR;
    - 0 a 19 (Indústria); 0 a 9 (Comércio e Serviços)

- *Pequeno Porte*

    - 20 a 99 (Indústria); 10 a 49 (Comércio e Serviços)

- *Médio Porte*

    - 100 a 499 (Indústria); 50 a 99 (Comércio e Serviços)

- *Grande Porte*

    - Acima de 500 (Indústria); acima de 100 (Comércio e Serviços).

11.2 EMPRESA DE SUCESSO

Há indicadores que apontam o sucesso de uma empresa. O indicador mais importante é o desempenho financeiro, que resulta da satisfação do cliente e da eficiência dos processos da empresa. A satisfação do cliente depende da qualidade dos produtos e serviços oferecidos que, por sua vez, dependem do desempenho do pessoal da empresa, da competência gerencial do empreendedor (Maximiano, 2006).

11.3 TIPOS DE EMPRESAS

Dentre os tipos de empresas, podemos citar:

– *Empresa tradicional*: é aquela que tem finalidade econômica, ou seja, de obter lucro por meio de atividades de transformação e fornecimento de produtos ou serviços; por exemplo, as que atuam no comércio, na indústria, no transporte, no turismo, na educação, etc.

– *Empresa familiar*: é uma variante da empresa tradicional, mas com o objetivo de melhorar a condição socioeconômica de uma família. As tarefas iniciais são divididas entre membros da família. Com o passar do tempo, é necessário tratar da participação de descendentes e seus cônjuges, a divisão dos lucros.

– *Franquia (ou franchising empresarial):* é o sistema de organização empresarial em que em franqueador (detentor da marca e do método de trabalho licenciado a terceiros) cede a um franqueado (autorizado a usar a marca; pessoa física ou jurídica que adquire o direito de uso da marca e do método de trabalho) o direito de uso de marca ou patente, com o direito de comercialização exclusiva ou semiexclusiva de produtos ou serviços. O franqueado remunera direta ou indiretamente o franqueador (por meio de pagamento inicial ou mensal), sem que haja vínculo empregatício. A adesão à rede de franquia implica que o franqueado opera com a marca do franqueador, obedecendo aos padrões estabelecidos e supervisionados por este.

– *Escritório doméstico (home office):* é o trabalho profissional realizado em casa. É a forma como as micro e pequenas empresas iniciam sua operação. Ramos de atividades usuais: cosméticos, contabilidade, alimentos, confecções, publicidade, computação gráfica, consultorias de modo geral.

– *Cooperativas*: é a sociedade de pessoas com interesses comuns, com natureza jurídica própria, formada para prestar serviços a seus associados (os cooperados). O cooperado é ao mesmo tempo dono (administra a empresa) e usuário da cooperativa (utiliza seus serviços). Este tipo de sociedade é regulada pela Lei 5.764, de 16/12/1971. O controle é democrático: cada cooperado tem direito a um voto nas assembleias. A cooperativa é constituída por intermédio da assembleia dos fundadores e seus atos constitutivos devem ser arquivados na Junta Comercial e publicados. Não está sujeita à falência. Não é permitida a transferência das quotas-parte a terceiros, estranhos à sociedade, mesmo por herança. É obrigatória a palavra "cooperativa" em seu nome. Exemplos de cooperativas: 1) Cooperativa agropecuária – reúne produtores rurais; os serviços oferecidos podem ser: a compra coletiva de insumos, a venda em comum da produção dos cooperados, a prestação de assistência técnica, armazenagem e industrialização da produção, etc. 2) Cooperativa habitacional – reúne pessoas que precisam de moradia; serviços oferecidos: aquisição de terreno e construção de casas ou prédios residenciais. 3) Cooperativa de trabalho – reúne trabalhadores; serviços oferecidos: conseguir clientes ou trabalho para os cooperados, prover capacitação e treinamento técnico para os cooperados, intermediar a relação com os contratantes, etc. 4) Cooperativa de Saúde – reúne profissionais ou usuários de saúde. Estão no mesmo ramo as cooperativas de trabalho (médicos, dentistas, etc.) e as cooperativas de consumo (consumidores de planos de saúde) (Maximiano, 2006).

11.4 CLASSIFICAÇÃO DE EMPRESAS POR SETOR DE ATUAÇÃO

Considerando o setor de atuação, as empresas classificam-se em:

– *Empresas Industriais:* transformam matérias-primas em produtos;

– *Empresas Comerciais:* vendem produtos.

– *Empresas de Prestação de Serviços:* ofertam o próprio trabalho. As empresas da área de desenvolvimento de software *(software houses)* são empresas do ramo de serviços. O Apêndice A apresenta uma minuta de contrato de prestação de serviço para suporte de software. O Apêndice B mostra uma minuta de contrato de licença de uso e prestação de serviço de software.

11.5 IMPORTÂNCIA DAS MICROEMPRESAS

A medida da importância das microempresas para a economia do país pode ser estimada pelos seguintes dados: as microempresas são responsáveis por 60% da oferta de empregos; por 48% dos salários pagos. Além disso, 98% do número de estabelecimentos produtivos são de microempresas. Essa é a razão por que o governo apoia este segmento e destina recursos e atenção às microempresas.

11.6 ORGANIZAÇÃO DA EMPRESA

Independente do tamanho da empresa, ela precisa ser organizada. Organizar é definir as responsabilidades de cada pessoa ou grupo de pessoas que trabalha para a empresa, para evitar duplicidades de processos, omissões e confusões (Maximiano, 2006).

Processos de Organização

Um roteiro para a organização da empresa pode começar pelos objetivos ou missão da empresa (Maximiano, 2006):
1. Identifique as funções da empresa
2. Transforme as funções em departamentos
3. Defina as responsabilidades das pessoas
4. Desenhe a estrutura organizacional.

Funções da Empresa

As funções da empresa buscam realizar os seus objetivos. As empresas têm funções semelhantes, independentemente da natureza do produto ou serviço que oferecem ao mercado em que atuam, quais sejam: marketing (divulgação do produto ou serviço, estabelecimento de preço, estratégias para conquista/fidelização de clientes), suprimentos e operações, vendas, logística (estratégia para obtenção de matéria-prima e para distribuição dos produtos), recursos humanos (recrutamento e contratação de pessoal, treinamento e capacitação, folha de pagamento), finanças (controle bancário, contas a pagar e a receber), contabilidade (registros contábeis), tributos (livros fiscais) (Maximiano, 2006).

Criação de Departamentos e Definição de Responsabilidades

Com os objetivos definidos e todas as funções identificadas, são definidos blocos ou unidades que se encarregarão de executá-los (objetivos e funções), de modo que a empresa se sustente e cresça. Em todas as empresas há divisão de trabalho, e as pessoas são alocadas nas várias unidades ou blocos (os departamentos), de acordo com a sua especialização (Maximiano, 2006).

11.7 ESTRUTURA ORGANIZACIONAL

Mesmo com funções semelhantes, a forma de dividir o trabalho em uma empresa varia de uma para outra. Um departamento pode encarregar-se de uma dada função, ou de um dado grupo de tarefas, um dado tipo de cliente, um produto ou uma área geográfica. Estes critérios de departamentalização levam à constituição da estrutura organizacional da empresa, cujo esquema gráfico representativo chama-se organograma (Maximiano, 2006).

Estruturas Complexas

As estruturas organizacionais que obedecem à departamentalização (por exemplo, estrutura funcional, estrutura por produtos) são chamadas de estruturas funcionais permanentes. Estas estruturas lidam com atividades contínuas, como produção e fornecimento de bens e serviços. Além destas atividades, as empresas realizam atividades temporárias por encomenda, que exigem esforço coordenado, com envolvimento de diferentes departamentos permanentes. Para lidar com atividades temporárias – como o desenvolvimento de um software – as empresas podem usar a organização por projeto. Há variantes entre os dois extremos – estrutura funcional e estrutura por projeto – matriz fraca, matriz balanceada, matriz forte (Maximiano, 2006; Phillps, 2004).

Empresas com Estrutura Funcional

São aquelas com divisão clara com relação às unidades comerciais e sua responsabilidade associada. A empresa pode ter um departamento de contabilidade, de marketing, de vendas, etc. Cada departamento atua como uma unidade separada dentro da empresa; cada empregado está lotado em um dado departamento.

Por sua vez, o gerente de projetos em uma empresa funcional não tem autonomia; ele se reporta a um gerente funcional; ele pode ser designado como coordenador de projeto ou líder de equipe. O Quadro 1 apresenta vantagens e desvantagens da organização funcional.

Quadro 1. Organizações Funcionais.

Vantagens	Desvantagens
Estrutura organizacional duradoura	O gerente de projeto tem pouca ou nenhuma autoridade oficial
Carreira profissional transparente com separação de funções, permitindo destacar as habilidades específicas	Vários projetos disputam recursos limitados e prioridades
Os empregados têm um supervisor, dentro de uma clara cadeia de comando	Os integrantes da equipe do projeto são leais ao gerente funcional

Fonte: Heldman, 2006.

Empresas com Estrutura de Matriz

São aquelas em que os membros da equipe do projeto pertençam a vários departamentos, atuando para conclusão de um dado projeto. Nestes casos, os membros da equipe do projeto têm mais de um chefe – os gerentes dos projetos de que ele participa e mais o seu gerente funcional.

Estrutura de Matriz Fraca

É aquela mais próxima de uma estrutura funcional. A equipe do projeto pode ser oriunda de diferentes departamentos, mas o gerente de projetos se reporta a um gerente funcional específico. Portanto, a autoridade do gerente de projetos é limitada; ele pode dispor de pessoal administrativo de tempo parcial para ajudar a agilizar o projeto.

Estrutura de Matriz Balanceada (Mista)

É semelhante à estrutura de matriz fraca, mas o gerente de projetos dispõe de mais tempo e poder em relação ao projeto. O gerente de projetos desempenha sua função em tempo integral; os membros da equipe dispensam tempo parcial ao projeto.

Estrutura de Matriz Forte

É aquela em que o gerente de projetos é mais forte. A equipe do projeto dispõe de mais tempo no projeto, apesar de vir de departamentos diferentes da empresa. O poder do gerente do projeto é alto; o tempo de dedicação do pessoal é quase integral; o gerente dedica tempo integral ao projeto.

O Quadro 2 apresenta uma comparação entre as estruturas matriciais, extraída de Heldman (2006, p. 21).

Quadro 2. Comparação das Estruturas Matriciais.

	Matricial Fraca	Matricial Mista	Matricial Forte
Cargo do Gerente de Projeto	Coordenador de projeto, líder de projeto ou executor de projeto	Gerente de projeto	Gerente de projeto
Enfoque do gerente de projeto	Divide o enfoque entre as responsabilidades do projeto e as funcionais	Projetos e sua execução	Projetos e sua execução
Poder do gerente de projeto	Autoridade e poder mínimos	Equilíbrio entre autoridade e poder	Autoridade e poder totais
Tempo do gerente do projeto	Parcial nos projetos	Integral nos projetos	Integral nos projetos
Estilo da organização	Muito semelhante à organização funcional	Combinação matricial fraca e forte	Muito semelhante à organização estruturada por projetos
O gerente de projetos se reporta a	Gerente funcional	Um gerente funcional, mas divide a autoridade e o poder	Gerente dos gerentes de projeto

Fonte: (Heldman, 2006, p. 21).

Estrutura por Projeto

É aquela em que o gerente de projetos dispõe de autonomia e, consequentemente, de maior responsabilidade em relação ao sucesso do projeto. Os membros da equipe são agrupados, no mesmo lugar ou não, em um projeto específico e dedicam-se a ele integralmente. Há pessoal administrativo em tempo integral para agilizar o projeto.

11.8 UMA NOTA À MARGEM

Uma nota para comentar o interessante livro de Cyril Northcote Parkinson, A Lei de Parkinson, publicado originalmente em 1957. Parkinson (2008, p. 2) começa o primeiro capítulo do livro assim: "O trabalho aumenta de modo a preencher o tempo disponível para sua conclusão. A prova disso está na expressão proverbial de que 'os mais atarefados é que têm tempo disponível.'".

Sempre que superestimamos o tempo necessário para execução de uma tarefa em uma empresa, vemos a Lei de Parkinson em ação. Quem recebe a incumbência, percebendo que não precisa de todo o tempo que lhe foi dado para realizá-la, relaxa e vai bem devagarinho para sua execução. Se ele tem uma semana para completá-la, mas precisa só de três dias, que faz? Ora, vamos com calma! "Hoje, eu nada faço. Vou pensar amanhã no assunto. Ainda tenho tempo". E, assim, o tempo passa. A tarefa vai ser concluída somente depois de uma semana, já que este foi o tempo alocado para ela. A Lei de Parkinson se confirma mais uma vez.

É preciso dizer que há exceções, no entanto. Se o colaborador está motivado para o trabalho e, por alguma razão, deseja destacar-se, a Lei de Parkinson não funciona para ele. O empregado vai concluir a tarefa em três dias, trabalhando em cada dia com a mesma intensidade.

Outro ponto do livro é o que está relacionado, de certa forma, à estrutura organizacional. Sobre o número de ministérios do Reino Unido (e pode-se entender também como o número de diretorias de uma empresa ou o número de departamentos), ele afirma (op. cit., p. 41): "Um estudo do exemplo inglês indica que o ponto de ineficácia de um gabinete é alcançado quando o número de membros excede 20, talvez 21". Que dizer do Brasil de 2015 e seus 39 ministérios, enquanto os Estados Unidos – a grande potência mundial – tem quinze?

No seu livro, Parkinson apresenta um quadro com o número de ministérios de vários países em 1957. O Brasil aparece na relação com 11 ministérios, os Estados Unidos com 10; Cuba tinha 27, a extinta URSS encabeçava a lista com 38, as extintas Iugoslávia e Tchecoslováquia, 35 e 32.

Em outro trecho, sobre os males de que sofrem algumas organizações, Parkinson comenta (p. 85-86):

> Os quadros de aviso anunciam um concerto realizado quatro anos atrás, a sala de Mr Brown tem uma placa com o nome de Mr Smith. A porta de Mr Smith está marcada Mr Robinson, em tinta desbotada, numa velha etiqueta de viagem. As janelas quebradas foram consertadas com pedaços de papelão. Os interruptores da luz dão um pequeno mas doloroso choque quando tocados. O estuque está caindo do teto e a pintura das paredes está manchada. O elevador não funciona e a torneira do lavatório não fecha. A água pinga da claraboia longe do balde embaixo. E de alguma parte do porão vem o gemido de um gato esfomeado. A última fase da doença levou a organização inteira ao ponto de colapso. Os sintomas da doença nessa fase aguda são tão numerosos e evidentes que um investigador com boa prática pode até descobri-los pelo telefone, sem visitar a empresa. (...). É tarde demais para tentar qualquer tratamento. A instituição está praticamente morta.

Que dizer de uma organização com estes sintomas? Abandono completo! Urgente necessidade de alguém para gerenciá-la. A realidade da "Teoria das Janelas Quebradas" – e urgente necessidade de se aplicar "tolerância zero" a estas pequenas mazelas, que denunciam a inexistência de gestão operante.

Parkinson também aponta, com base em sua lei, a tendência ao aumento do número de empregados. Diz que existe pouca ou nenhuma relação entre o trabalho a ser feito e o número de pessoas a executá-lo. Há a tendência ao aumento de empregados, "quer o volume de serviço aumentasse, diminuísse ou mesmo desaparecesse" (op. cit., p. 4). Um gerente, quase sempre, articula com as *instâncias superiores para aumentar o número de subordinados; os empregados inventam trabalho uns para os outros.*

Esta ideia de crescente aumento de empregados acaba por refletir-se no espaço físico: isto acaba por desaguar na construção de anexos. Veja-se no País todo e em especial em Brasília o número de anexos, que comprovam a afirmação. A referência que fazemos é a anexos desnecessários. Quase sempre são.

11.9 ATIVIDADE-FIM E ATIVIDADE-MEIO

Independentemente da forma como a empresa é estruturada, há dois grupos de atividades que podem ser identificadas: as atividades-fim e as atividades-meio.

As atividades-fim são aquelas relacionadas ao que a empresa faz ou produz e comercializa.

As atividades-meio são aquelas que dão suporte às atividades-fim; servem para controlar, para direcionar a empresa com vista aos seus objetivos. Há sempre o risco de os responsáveis pelas atividades-meio estabelecerem regra de poder dentro da organização, fazendo com a estrutura seja quebrada em subestruturas que funcionam cada uma por si, em busca de aumentar seu poder. As atividades-meio não podem sobrepor-se às atividades-fim (Mañas, 1994).

É curioso que os processos de informatização das empresas costumam priorizar as atividades-meio em detrimento das atividades-fim que, afinal, asseguram a sobrevivência da organização e que constituem seu diferencial competitivo.

A legislação que regulamenta os serviços terceirizados (lei nº 13.429, de março/2017) não faz mais distinção entre atividade-fim e atividade-meio. A terceirização pode ser feita para quaisquer atividades da empresa. Esta mesma lei ampliou o tempo de contratação de trabalhos temporários, passando de 90 para 180 dias.

Com os termos da nova legislação de terceirização, é possível que haja estímulo para a ampliação do número de microempresas.

11.10 QUESTÕES PARA DISCUSSÃO

1) Por que o processo de informatização não prioriza as atividades-fim?

2) Como as prioridades de informatização deveriam ser estabelecidas no âmbito organizacional?

12. EDUCAÇÃO FINANCEIRA

É a aplicação de métodos ou procedimentos que busquem assegurar que uma pessoa use racionalmente o dinheiro que ganha (ou de que dispõe), visando, a um só tempo, evitar passar por dificuldade decorrente da sua falta, e acumular para independência futura.

O conhecimento de educação financeira garante o bem-estar da pessoa, na medida em que impede que ela vivencie situações de estresse que a falta de dinheiro acarreta. Quando ela precisar gastar, que o faça com inteligência, que evite tomar decisões erradas, precipitadas, sem pesar os riscos associados às operações que envolvem dinheiro, que possam levar à sua perda.

Desse modo, a educação financeira pressupõe disciplina no uso do dinheiro que se ganha, de forma que haja controle nos gastos, para não superar os rendimentos mensais. O saldo mensal, neste caso, é investido para consumo futuro ou para possibilitar a independência financeira, ou utilização em necessidades emergenciais. Para que isto ocorra, a pessoa precisa controlar seus gastos, planejar a utilização do dinheiro que ganha, para que o saldo mensal seja positivo. Se o saldo for negativo, significa que a pessoa precisa utilizar suas reservas ou, se não dispuser, tem que recorrer a empréstimos de terceiros, sujeitando-se ao pagamento de juros.

Havendo saldo mensal, o profissional educado financeiramente precisa recorrer a uma das formas de investimento, visando à valorização destes recursos. Há muitas formas de investimento possíveis, com ganhos diferentes, dependendo dos riscos envolvidos na aplicação: caderneta de poupança, imóveis, CDB, títulos indexados ao IPCA, fundos DI, fundos de renda fixa, ouro, dólar, ações negociadas em bolsa, e outras.

Se você consegue tornar-se investidor, isto significa fazer com que o dinheiro aplicado trabalhe por você. Kiyosaki & Lechter (2000) dizem que os pobres e as pessoas da classe média trabalham pelo dinheiro; já os ricos fazem com que o dinheiro trabalhe por eles.

Sem domínio da educação financeira é impossível conquistar a independência que garanta, no futuro, que a pessoa viva dos rendimentos do que conseguiu juntar, particularmente quando ela não tenha mais condições laborais ou quando estas condições forem reduzidas pela idade. Não estamos considerando aqui a conquista da independência por outra forma que não seja o trabalho, como é o caso de obtenção pelo acaso ou por sorte (loteria), herança, ou outras formas.

É conveniente que a aplicação dos conhecimentos relacionados à educação financeira torne-se um hábito para a pessoa. Este hábito fará com que ela forme um patrimônio sólido depois de dado período de tempo.

Com relação a investimentos para formação de patrimônio, deve-se ter preferência pela aquisição de produtos que rendam dinheiro (ativos bons – geram renda). Este é o caso da compra de um imóvel para alugar, por exemplo. Este ativo não será fonte de custo: ao contrário, o aluguel é fonte de renda. Agora analise outro caso: a compra de um imóvel na praia (é considerado ativo ruim – gera custo). Este é o tipo de investimento que, salvo se for usado com muita frequência pelo comprador, representa fonte de despesas com consumo de água, energia elétrica, segurança, caseiro, impostos. Se o comprador utiliza o imóvel somente nas férias, avalie o benefício proporcionado em confronto com o peso dos custos anuais nos rendimentos dele. Além disso, normalmente este tipo de imóvel não passa por valorização. Havendo interesse em desfazer-se dele por algum motivo, não é fácil fazer negócio com vantagem. A liquidez[11] deste tipo de imóvel é baixa (Martins, 2004).

---

[11] Liquidez é a medida da facilidade com que um ativo é convertido em dinheiro, em caso de necessidade. Diz-se que a liquidez de uma casa de praia é baixa porque normalmente não é fácil vendê-la quando desejado.

Voltando a Kiyosaki & Lechter (2000): eles dizem que as pessoas ricas adquirem ativos bons; os pobres e a classe média adquirem obrigações, pensando que são ativos bons.

Pereira (2005) cita alguns estilos pessoais na forma de lidar com dinheiro: 1) consumista ou gastador; 2) entesourador ou poupador; 3) educado financeiramente ou consciente.

O consumista é o que compra até o que não quer (compra por impulso). Segundo Pereira (2005), 60% dos brasileiros das grandes cidades têm este perfil. É a pessoa que vive intensamente o presente, não planeja, joga as dívidas para o futuro.

O entesourador (ou poupador) é o estilo dos que fizeram fortuna, movidos pelo medo inconsciente de passar dificuldades no futuro. Como sua atenção é com o amanhã, não desfrutam da vida no presente como poderiam. Quem não conhece alguém que se enquadra neste perfil? Trabalham de domingo a domingo, acumulam riqueza, vivem espartanamente, não usufruem seu dinheiro, e, no fim, deixam tudo para herdeiros, que se encarregarão de acabar com a fortuna em pouco tempo (Pereira, 2003, 2005).

A respeito do educado financeiramente, Pereira (2005, p. 106) afirma: "é a pessoa que faz tudo que quer sem problemas financeiros e não deixa de fazer nada por falta de dinheiro". A consciência com que age em relação ao dinheiro permite que viva o presente, usufrua a vida; saiba realizar seus sonhos; invista o que planeja, lidando com riscos, sem perder patrimônio.

Tudo gira em torno de dois conceitos da economia, mas aplicáveis em várias situações da vida, definidos por Giannetti (2015)[12]: troca intertemporal e termos de troca entre presente e futuro.

Troca intertemporal são escolhas feitas no tempo: opta-se por algo, com aceitação de pagá-lo já no presente para recebê-lo no

---

[12] https://www.youtube.com/watch?v=4vYB0rgnzoU

futuro, ou é recebido no presente, mas o pagamento será quitado em data futura.

O primeiro tipo é a troca intertemporal na posição credora: o custo precede o benefício; um ônus é aceito no presente, mas o benefício será concedido no futuro. É o caso de pagar no presente, e usufruir em data futura.

O segundo tipo é a troca intertemporal na posição devedora. Usufrui-se agora e paga-se depois. Benefício precede o custo.

O outro conceito é o de termos de troca entre presente e futuro. Também há duas posições: credora e devedora.

O termo de troca na posição credora é o benefício adicional que espero receber por pagar no presente algo que receberei no futuro. Em outras palavras: qual é a recompensa pela espera?

E o termo de troca na posição devedora? Traz-se um valor do futuro para ser usufruído no presente.

O termo de troca entre presente e futuro é o preço da impaciência.

Quanto maior a minha urgência em obter algo, maior será o preço que eu terei que pagar para obtê-lo logo.

Na vida de uma pessoa, há inúmeras situações em que a escolha de posição credora é aceitável: em vista de algo a se conquistado no futuro, algum sacrifício é aceito no presente.

Da mesma forma, há situações em que a posição devedora é legítima e perfeitamente aceitável.

A questão colocada, objeto de pesquisa em muitas áreas de conhecimento, é: por que as pessoas se diferenciam tanto em relação às suas escolhas no tempo? Por que alguns aceitam sacrifícios consideráveis no presente em face de algo a ser conquistado no futuro? Por que outros são tão imediatistas e, para usufruir de algo logo no presente, aceitam pesados ônus que se estendem por futuro distante?

Estes conceitos são aplicáveis da mesma forma para empresas, sociedades, países.

12.1 LEITURA E REFLEXÃO 12

Extraído de meu livro "*Outros Casos e Percepções*" (Belém: abfurtado.com.br, 2018a). Leia!

COMO FICAR RICO?

Sei a resposta desta questão (quem não sabe?) e a apresento em disciplinas como "Empreendedorismo" e outras em que caibam rudimentos de educação financeira. Claro, não me refiro a enriquecer com alguma modalidade de atividade criminosa, nem com jogo (legal ou ilegal), nem com a criação de alguma seita religiosa. Falo de enricar com o trabalho. Trabalho honesto!

Antes antecipo possível questionamento que os alunos podem me fazer: se sei como enriquecer, por que, afinal, não apliquei este conhecimento, já que não sou rico? Eu começo respondendo esta pergunta. Não relato as razões aqui porque se trata de algo muito pessoal (não cabe dizê-lo em um livro): deixo para externar em sala, onde é possível fazer alguma confidência como reforço de argumento. Depois de explicar por que não consegui enriquecer, listo os comportamentos que impedem chegar à riqueza. A partir daí, apresento os comportamentos, os conhecimentos e os argumentos que levam à riqueza.

Na questão comportamental, a partir das receitas existentes, a determinação de gerar o maior saldo mensal possível, depois de pagas todas as contas assumidas. Este saldo é investido para garantir a independência futura. Aqui cabe o estudo das alternativas de investimento existentes para escolha das mais rentáveis. Haven-

do a perspectiva de quinze a vinte anos com tal comportamento (sem se arredar dele – tarefa dificílima, pois exige renúncia do usufruto no presente de bens em face do futuro), o alcance do objetivo é resultante de simples aplicação de juros sobre juros. A renúncia mencionada é o que o professor Eduardo Giannetti (2015) chama de troca intertemporal na posição credora.

Aliás, é oportuno acrescentar: não me parece que seja uma perspectiva de vida razoável, ou aceitável, a da busca da riqueza em si. Antes que seja uma trajetória ao encontro da qualidade de vida que a independência financeira oferece ou pode proporcionar.

12.2 LEITURA E REFLEXÃO 13

Extraído de meu livro "*Casos e Percepções de um Professor*" (Belém: abfurtado.com.br, 2016). Leia!

CASEIRO LOCADOR

Os livros sobre investimentos não recomendam a compra de casa de praia ou de campo. A menos que se usufrua do imóvel com frequência regular – semanal ou no máximo mensal.

Há duas razões principais para esta recomendação: a dificuldade para desfazer-se deste tipo de ativo (liquidez baixa) e o fato de representar uma fonte de custos (caseiro, conta de água, energia elétrica, segurança, tributos municipais).

Em vez de investir em um imóvel como este, melhor seria fazer a aplicação financeira do recurso: talvez com os rendimentos fosse possível pagar hospedagem e passagens para qualquer lugar quando em período de férias. O atrativo de não ficar restrito a um lugar único para férias é interessante também.

Quando contratei caseiro para cuidar da casa que eu tinha em Mosqueiro[13] sempre enfrentei problema. De vez em quando tinha que comprar novo botijão de gás. Com frequência dava pela falta de objetos que havia deixado na casa.

Por falta de espaço na casa em Belém, resolvi deixar em Mosqueiro os livros que eu acumulava para um dia ler quando tivesse tempo. Em mais de uma ocasião, depois de ceder a casa para algum colega, ele dizia:

– Peguei um livro interessante da tua estante. Logo que eu terminar de ler, te devolverei.

Não é preciso dizer que o livro não mais retornaria à estante. Por isso, resolvi trazer de volta para Belém meu acervo.

Há o caso de um colega com casa em Salinas, que elogiava seu caseiro pelo zelo do trabalho. Regularmente ele ligava nas sextas para saber se o colega iria a Salinas.

Uma ocasião o caseiro não conseguiu falar com o colega, pois ele havia viajado para fora do estado. Mas tinha cedido a casa com antecedência para um amigo que iria com a mulher em lua de mel.

O novel casal, com pressa para recolher-se depois da viagem desde Belém, encontra a casa ocupada por outros hóspedes.

Ora, o amigo lhe havia cedido, com a informação de que estaria livre. Não entendendo o que havia ocorrido, liga para o proprietário:

– Olha, tua casa está ocupada! Creio que houve algum problema.

Resposta do outro lado:

– Impossível! Não cedi a casa para ninguém mais. Fala com o caseiro. Pergunta para ele o que aconteceu.

---

[13] Distrito de Belém/PA.

Informação obtida: sabedor de que o proprietário não iria ocupar a casa no fim de semana, o caseiro a tinha alugado. Soube-se depois que ele fazia isto sempre que o proprietário não ia. Por isso procurava obter esta informação com antecedência para poder anunciar a disponibilidade para aluguel.

12.3 A IMPORTÂNCIA DA POUPANÇA

A poupança é a forma de se conseguir juntar dinheiro para formar uma reserva para situações eventuais ou emergenciais, como também para conseguir independência futura ou, mesmo, para comprar algum bem de consumo. Benjamin Franklin *apud* Halfeld (2001) destaca a importância da poupança, afirmando que um centavo poupado é um centavo ganho.

12.4 LEITURA E REFLEXÃO 14

No texto abaixo faço comentários a respeito da compra de imóveis, com destaque para os cuidados que se deve ter com este tipo de investimento. Foi extraído de meu livro *"Um Pouco da Minha Vida: Novos Casos e Percepções"*; Belém: abfurtado.com.br, 2018b. Leia.

SACRIFÍCIO PARA O LUXO DOS VIZINHOS

Nestas minhas notas, valorizo as situações engraçadas do cotidiano, os casos de que se podem extrair aprendizados para a vida. Vou aqui tratar a respeito de investimentos em imóveis: repassar algumas orientações para quem pretende adquirir um imóvel, respaldado em instruções do consultor financeiro Mauro Halfeld (Halfeld, 2001). Em especial, tento alertar para os cuidados que devem ser tomados antes de fechar negócio.

Primeiro que tudo, é preciso dizer que investir em imóveis envolve riscos, como, de resto, ocorre com qualquer forma de investimento, seja dólar, ouro, CDB, fundos de renda fixa e bolsa, para ficar em algumas formas mais comuns de aplicação do dinheiro.

Outra coisa: o imóvel pode sofrer depreciação por conta de fatores como a localização, o tamanho, o modelo. Se for adquirido para aluguel, a lei do inquilinato pode ser fator negativo (favorece mais o inquilino); esta é uma razão por que o contrato de locação deve ser elaborado com assessoria jurídica experiente na área de administração de imóveis. Se a aquisição vai ser feita com financiamento de longo prazo, os juros altos são o padrão, e constituem fator negativo a ser avaliado detidamente. Se for apartamento, as unidades dos primeiros andares têm bom desconto, pois há problema de barulho, visão limitada, menor segurança que as unidades de andares superiores. Se for aquisição de imóvel novo, há custos que precisam ser avaliados: armários, decoração, melhorias que o proprietário queira fazer. Se for compra de imóvel na planta, a construtora deve oferecer desconto considerável em relação ao imóvel pronto; há ainda neste caso o risco envolvido com a própria construção (falência da empresa, problemas com a construção). Halfeld (2001) afirma que os melhores negócios com imóveis não são feitos com novos (primeira habitação), mas com aqueles com 3 a 7 anos de uso, em face de haver boa depreciação. Uma opção que não pode ser descartada é a própria construção do imóvel (opção: casa) pelo próprio investidor. Se for imóvel em condomínio, é conveniente informar-se a respeito do valor previsto da taxa condominial.

Qualquer decisão de investimento não pode ser tomada com açodamento. A pressa para decidir faz com que provavelmente não sejam ponderados todos os prós e os contras da opção.

Para contar um caso, lembro o que ocorreu com colega que adquiriu, lançando mão de suas economias, um apartamento para morar em prédio de alto padrão de luxo, claramente incompatível com a sua condição financeira.

Ele não avaliou adequadamente a previsão do valor da taxa condominial, em face do número reduzido de unidades do edifício e da excelência dos serviços previstos.

Em sua maioria, os condôminos do prédio eram empresários e dirigentes de alto escalão de governos (estadual, federal), políticos, ou descendentes de famílias tradicionais, ricas, da cidade.

Na pérgula de uma das piscinas, um grupo se reunia para bebericar seu uísque The John Walker Blue (a garrafa de 750 ml custa mais de R$ 16.000); sujeitavam-se a consumir Jack Daniels Sinatra Century, bem mais barato, com garrafa a R$ 2.500, só quando o estoque do anterior não era renovado em tempo.

Ao saber que um dos condôminos, que não frequentava as áreas de lazer do prédio, era simples funcionário de um banco estatal, um dos comensais disse, brincando:

– Devemos agradecer ao bancário amigo, afinal nos ajuda com parte significativa da sua remuneração mensal no rateio para pagamento dos nossos muitos luxos do condomínio.

Após o que todos caíram na gargalhada.

12.5 HIERARQUIA DE LIQUIDEZ DE ATIVOS

Como referido, liquidez é a medida da facilidade com que um ativo é convertido em dinheiro, em caso de necessidade. A maior liquidez é dispor do dinheiro em conta ou em espécie, acessível a qualquer momento pelo empreendedor para aproveitar situações de negócio.

Em seguida, o dinheiro aplicado em caderneta de poupança: neste caso, pode haver perda da correção de dias se a retirada ocorrer próximo do aniversário da conta.

Em seguida, vêm os fundos de renda fixa; depois, vêm as ações em bolsa: o empreendedor pode vender as ações que dispuser pelo preço da cotação do dia da venda.

Após, vêm os imóveis urbanos: havendo necessidade de vendê-los, é preciso divulgar, e não é tão rápido que se consegue; se for imóvel rural, a liquidez ainda será menor – há mais dificuldade de vender do que os imóveis urbanos.

Os proprietários de negócios próprios têm mais dificuldade de se desfazer deles (liquidez mais baixa de todas as opções mencionadas) (Halfeld, 2001).

Para conseguir independência financeira, Halfeld (2001) sugere que a pessoa procure ganhar cada vez mais dinheiro; isto implica não acomodar-se em uma função, mas trabalhar para subir na hierarquia da empresa para ocupar funções mais importantes, com direito a remuneração melhor.

De nada adianta ganhar mais, se as despesas aumentarem proporcionalmente; ele recomenda que a poupança seja prática de todos os meses. Outra recomendação é fugir de dívidas.

Desta forma, ganhando mais, e com controle dos gastos, o saldo mensal será maior. Este saldo é então todo investido (de preferência em aplicações diversas) para buscar a independência financeira. Pelo menos 10% do rendimento mensal devem ser investidos.

Outro ponto: em algum momento, procurar planejar a compra da casa própria; Outra despesa que ele recomenda é o seguro de vida e o seguro saúde.

Ele recomenda que o investidor não desconsidere o presente em termos de usufruir o que a vida proporciona, com o consumo de bens que deseje, com viagens, etc. Não descuidar de aprofundar seus conhecimentos de Educação Financeira; se possível, contar com assessoria financeira em seus investimentos. Por fim, não se deve esquecer que o dinheiro é meio para conquistar algo, não é fim em si mesmo, pelo simples acúmulo.

12.6 VARIAÇÃO DAS PRINCIPAIS APLICAÇÕES – JANEIRO A DEZEMBRO DE 2016

Para que se tenha ideia de variação de rendimentos de aplicações ao longo de um ano, analise a Figura 1 (elaborada pelo consultor Fabio Colombo e pela Broadcast) com a variação das principais aplicações durante o ano de 2016. A bolsa, bem à frente das outras aplicações (38,94%); a poupança (líquida) (8,3%) como aplicação segura; dólar e ouro foram as piores aplicações do ano: respectivamente, 17,88% e 12,32%.

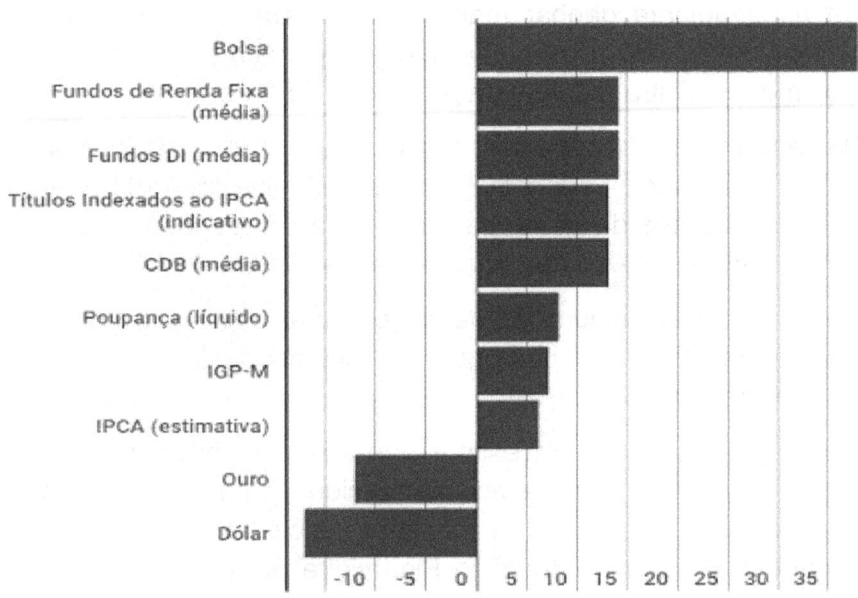

Fonte: Fábio Colombo e Broadcast

Figura 1. Variação das principais aplicações de janeiro a dezembro de 2016.
Fonte identificada na figura.

Confrontando com os dados de 2017, vê-se que a bolsa caiu (de 38,94% em 2016 para 26,86% em 2017); o ouro que teve queda de 12,32% em 2016 valorizou-se em 13,89 em 2017; e dólar que tinha tido a maior queda em 2016 (17,69%), valorizou-se 1,99% em 2017.

O objetivo de trazer estes dados comparativos é mostrar que ocorre variação grande nos resultados de aplicações de um ano para o outro; duas sugestões para o empreendedor iniciante que dispuser de dinheiro para investir em aplicações de risco: recorrer à consultoria especializada na área financeira e procurar estudar mais o assunto. Ao fazer o investimento em bolsa, por exemplo, o agente encarregado coloca no documento de autorização da aplicação que o investidor tem ciência de que pode perder seu dinheiro, já que há risco envolvido na operação.

O Quadro 3 mostra um desafio para poupar dinheiro, por exemplo, com R$ 1 na 1ª semana, R$ 2 na 2ª semana, até 52ª semana (para fechar um ano). A terceira coluna seria a utilizada se, em vez de começar com R$ 1, você queira dobrar o valor: R$ 2. A quarta coluna apresenta o saldo do valor duplo depositado; a quinta coluna mostra o saldo do valor depositado, começando em R$ 1.

Observe que na 52ª semana, o valor acumulado é R$ 1.378 para o início com R$ 1; e R$ 2.756 para o início com R$ 2. Note que não estão sendo considerados juros e correção monetária, no caso de a aplicação ser feita em caderneta de poupança.

O Quadro 3 ilustra o poder da disciplina e da acumulação. Como R$ 1 é valor pequeno demais, refaça o quadro considerando o depósito inicial de R$ 5. Obtive na internet (autoria desconhecida); vi que circula nos Estados Unidos (claro, com referência ao dólar).

Quadro 3. Acumulação da Poupança por um Ano.

Semana	Valor depositado (R$)	Valor duplo depositado (R$)	Saldo da conta duplo (R$)	Saldo da conta (R$)
1	1	2	2	1,00
2	2	4	6	3,00
3	3	6	12	6,00
4	4	8	20	10,00
5	5	10	30	15,00
6	6	12	42	21,00
7	7	14	56	28,00
8	8	16	72	36,00
9	9	18	90	45,00
10	10	20	110	55,00
11	11	22	132	66,00
12	12	24	156	78,00
13	13	26	182	91,00
14	14	28	210	105,00
15	15	30	240	120,00
16	16	32	272	136,00
17	17	34	306	153,00
18	18	36	342	171,00
19	19	38	380	190,00
20	20	40	420	210,00
21	21	42	462	231,00
22	22	44	506	253,00
23	23	46	552	276,00
24	24	48	600	300,00
25	25	50	650	325,00
26	26	52	702	351,00
27	27	54	756	378,00
28	28	56	812	406,00
29	29	58	870	435,00
30	30	60	930	465,00
31	31	62	992	496,00
32	32	64	1056	528,00
33	33	66	1122	561,00

34	34	68	1190	595,00
35	35	70	1260	630,00
36	36	72	1332	666,00
37	37	74	1406	703,00
38	38	76	1482	741,00
39	39	78	1560	780,00
40	40	80	1640	820,00
41	41	82	1722	861,00
42	42	84	1806	903,00
43	43	86	1892	946,00
44	44	88	1980	990,00
45	45	90	2070	1035,00
46	46	92	2162	1081,00
47	47	94	2256	1128,00
48	48	96	2352	1176,00
49	49	98	2450	1225,00
50	50	100	2550	1275,00
51	51	102	2652	1326,00
52	52	104	2756	1378,00

Sem considerar a correção mensal (correção monetária e juros).

12.7 QUESTÃO COM RESPOSTA

Por que a Educação Financeira é importante para o empreendedor (e para qualquer profissional)?

Resposta: Ser educado financeiramente significa saber tratar com o dinheiro que se ganha: procurar sempre honestamente ganhar mais, ter controle sobre suas despesas, provisionar recursos para utilização futura (que assegurem independência financeira ou recursos para os investimentos que se deseja fazer). Por isso, a educação financeira é fundamental para qualquer profissional. Em especial, os empreendedores que não tiverem o domínio desta área sujeitam-se mais a problemas com a gestão de seus negócios (manutenção e ampliação dos negócios).

13. PONTOS DE LEGISLAÇÃO TRABALHISTA

Já há bastante tempo, o país se ressentia de atualização de sua legislação trabalhista, com vista a modernizar pontos que a realidade empresarial vinha exigindo, com maior flexibilidade dos contratos de temporários e diversos outros pontos.

E também como maneira de tentar diminuir a informalidade. Dados da Pesquisa Nacional por Amostra de Domicílios Contínua (PNADC), divulgada pelo IBGE, referente ao trimestre jul/ago/set-2017, indicava que dos 91,3 milhões de pessoas ocupadas nesse trimestre, 22,9 milhões trabalhavam por conta própria, e 10,9 milhões eram empregadas no setor privado sem carteira de trabalho. Portanto, a informalidade é de 37% (IBGE, 2017).

13.1 CUSTO DO TRABALHADOR BRASILEIRO

Com respeito ao custo do trabalhador brasileiro, com base no que estabelece a Constituição Federal e a CLT (Consolidação das Leis do Trabalho), para cada R$ 1 que o trabalhador recebe de remuneração, a empresa paga R$ 1,03 de encargos. A incidência sobre a folha de pagamento (em %) é da seguinte ordem:

– Obrigações sociais (Previdência e FGTS) – 36;
– Tempo não trabalhado (Férias e 13º salário) – 52;
– Incidência cumulativa – 15;
– Total – 103%.

13.2 REFORMA TRABALHISTA DE 2017

Será dado destaque para os pontos mais relevantes nesta apresentação resumida.

O principal tópico é a prevalência do negociado sobre o legislado. Isto já estava disposto da Constituição de 1988 (a negociação coletiva), com o reconhecimento das convenções e acordos coletivos. O projeto aprovado só regulamentou a norma constitucional.

Segundo Schwartsman (2017) e Cavallini (2017), não houve retirada de direitos do trabalhador com a reforma trabalhista aprovada pelo Senado Federal em 11/3/2017, e que entrou em vigor em 11/11/2017.

Houve alteração em alguns pontos: férias, jornada de trabalho, remuneração e plano de carreira; foram implantadas e regulamentadas novas modalidades de trabalho – trabalho remoto (home office) e trabalho intermitente (por período trabalhado), a contribuição sindical deixou de ser obrigatória. Não se aplica a contratos que não sejam regidos pela CLT (Cavallini, 2017).

O tempo que o empregado leva de casa até o trabalho em transporte oferecido pela empresa não é mais computado na jornada.

O questionamento de direitos trabalhistas na Justiça fica bem mais rigoroso; se o trabalhador faltar à audiência ou se perder a ação, terá que pagar as custas processuais e os honorários da parte contrária. Se o juiz entender que o empregado agiu de má-fé, ele pode atribuir multa e pagamento de indenização pelo empregado. Nas ações por danos morais, a indenização por ofensa grave cometida pelo empregador está limitada a 50 vezes o último salário contratual do empregado. É obrigatório especificar na petição inicial os valores pedidos nas ações (Cavallini, 2017).

Trabalho intermitente

Nova modalidade de trabalho, paga por período trabalhado. O empregado tem direito a férias, FGTS, previdência e 13º salário proporcionais. O empregado recebe o salário-hora – este valor não pode ser inferior ao valor correspondente do salário mínimo, nem ao valor pago aos empregados que exerçam a mesma função na empresa. A chamada do empregador deve informar a jornada a ser cumprida com pelo menos três dias corridos de antecedência; um dia é dado para o trabalhador dizer se aceita.

Férias

As férias podem ser parcelas em até três períodos; um dos períodos deve ser maior que 14 dias; os outros dois períodos devem ter no mínimo 5 dias cada um. As férias não poderão começar nos dois dias que antecedem um feriado ou nos dias de descanso semanal (sábados e domingos).

Homologação de rescisão de contrato

Pode ser feita na empresa; não há mais obrigatoriedade de ocorrer nos sindicatos ou nas Superintendências Regionais do Trabalho.

Acordo Coletivo

As convenções e os acordos coletivos prevalecem sobre a legislação nos seguintes pontos, jornada de trabalho, intervalo, banco de horas, plano de carreira, home office, trabalho intermitente, remuneração por produtividade.

Home Office o Teletrabalho

Nesta modalidade, não há controle de jornada; a remuneração é por tarefa. O contrato de trabalho estabelece as atividades desempenhadas, as regras para equipamentos e as responsabilidades pelas despesas. O eventual comparecimento do empregado às dependências do empregador para realização de atividades específicas não descaracteriza o teletrabalho.

Terceirização

Haverá quarentena de 18 meses para que o empregado efetivo seja demitido e recontratado como terceirizado. O empregado terceirizado tem as mesmas condições de trabalho dos empregados da empresa-mãe: atendimento em ambulatório, alimentação em refeitório, segurança, transporte, capacitação e qualidade de equipamentos de trabalho.

Autônomos

A empresa pode contratar profissionais autônomos; ainda que haja relação de exclusividade e continuidade, isto não configura vínculo empregatício.

Banco de horas

A compensação de horas extras em outro dia de trabalho ou por meio de folgas pode ser negociada entre empresa e empregado, desde que se dê no período máximo de seis meses. Se as folgas não forem dadas neste período, o empregador pagará em horas extras com acréscimo de 50%.

Jornada parcial

Os contratos de trabalho podem prever jornada de até 30 horas semanais, sem possibilidade de horas extras, ou até 26 horas, com até 6 horas extras, pagas com acréscimo de 50%.

Jornada 12 x 36

É permitida a jornada em um único dia de até 12 horas, seguida de descanso de 36 horas, para todas as categorias, desde que acordado entre empregador e empregado.

O próximo Capítulo apresenta a definição de termos que expressam o sucesso (ou não) de um negócio: lucro e rentabilidade.

14. LUCRO E RENTABILIDADE DE UM NEGÓCIO

Este Capítulo tem como objetivo definir três termos úteis para avaliar os resultados da empresa: lucro, lucratividade e rentabilidade.

14.1 LUCRO

O lucro é a diferença entre a receita total (receita bruta) de uma empresa e o total dos custos. É o retorno positivo de um investimento. A empresa existe basicamente para conseguir lucro. Se a receita total e o total de custos são referentes a um ano, então o lucro apurado é chamado de lucro líquido anual (Ferrari, 2010).

14.2 LUCRATIVIDADE

A lucratividade da empresa é apurada ao dividir o lucro líquido pela receita bruta de dado período. É um valor percentual. É o percentual da receita bruta que sobra depois de pagas todas as despesas.

Vejamos um exemplo para ilustrar em números: uma loja teve uma receita bruta no último ano de R$ 200.000; o lucro líquido foi de R$ 40.000.
Lucratividade = (40000 / 200000) = 0,20. Portanto, a lucratividade foi de 20%. Isto significa que 20% da receita da loja é lucro.

14.3 RENTABILIDADE

Para definir a rentabilidade de um negócio (é um percentual), enriqueçamos o exemplo com outros dados. Considere que para montar a loja o dono investiu R$ 100.000. Como capital de giro (dinheiro em caixa para manter o negócio funcionando no dia a dia) reservou R$ 40.000. O investimento para a loja funcionar, portanto, foi de R$ 140.000.

A rentabilidade da loja é dada pelo lucro líquido em um período, dividido pelo investimento total feito. Neste caso, teríamos:

Rentabilidade = (Lucro líquido no período / Investimento) x 100.

Rentabilidade = (40000 / 140000) x100 = 0,28 x 100 = 28%.

Este resultado possibilita que o dono da loja avalie se seu negócio é sustentável. Se ele tivesse investido estes R$ 140.000 em renda fixa (ou outra aplicação qualquer), por exemplo, teria um determinado resultado como remuneração do seu investimento. Ele confronta este resultado com a rentabilidade de sua loja para confirmar se vale a pena manter a loja ou não.

Seguindo para o fim, buscando alcançar o objetivo do livro – levantar os principais conceitos relacionados ao empreendedorismo –, o próximo Capítulo descreve a modalidade de empresa emergente chamada Startup, cujo objetivo é desenvolver um modelo de negócio escalável, com característica de grande incerteza, em torno de algo inovador, seja um produto, ou um serviço, ou um processo ou uma plataforma.

15. STARTUP

Startup é uma pequena empresa, em fase de afirmação, com atuação na área de tecnologia, mas cujos produtos se encontram em fase de aperfeiçoamento e cujos clientes são identificados e contatados. O objetivo principal da startup é consolidar-se, seja pela conclusão do seu produto ou pela formalização do seu serviço e pela conquista de clientela que a viabilize.

O nome startup popularizou-se por ocasião da chamada bolha da internet, evento especulativo ocorrido no fim da década de 1990, com alta das ações das empresas "ponto com" – empresas de tecnologia baseadas na internet.

15.1 CARACTERÍSTICAS DAS STARTUPS

Além de ter base tecnológica, as startups têm como característica a proposta de um modelo de negócio inovador – escalável, de baixo custo, com base em ideia inovadora. Modelo escalável é aquele que se pode reproduzir repetidamente em grande quantidade, com ganho de produtividade, sem aumentar significativamente os custos de operação. Apesar de mais frequentes na internet, as startups podem existir em qualquer área.

Uma dificuldade presente em qualquer negócio em fase inicial de consolidação é a questão dos investimentos para instalação. Não poderia ser diferente com as startups, em que a incerteza é grande. Afinal o modelo de negócio encontra-se em formalização. Neste caso, o investimento é considerado de alto risco. Existem investidores que prospectam oportunidades para incentivar, analisando os modelos de negócio propostos pelos empreendedores. Entre os apoiadores das startups, estão também as incubadoras e as aceleradoras. As incubadoras oferecem suporte (de infraestrutura e gerencial) para o desenvolvimento de ideias das startups. As aceleradoras oferecem processo de inscrição para seleção dos projetos a serem apoiados, com direito a financiamento, em troca de participação em cotas ou acionária.

Ferreira (2017), em seu trabalho de conclusão de curso de graduação em ciência da computação, intitulado "Meta-startup: uma Metodologia para o Desenvolvimento de Startups", implementou um aplicativo para suporte à gerência e ao desenvolvimento de ideias que possam tornar-se startups. Ferreira destaca a importância da existência de um ecossistema que estimule o desenvolvimento empresarial e promova a inovação como fundamento. Isto impulsiona o amadurecimento do empreendedor.

Ele cita como exemplos de ambientes com esta característica o Vale do Silício (Estado da Califórnia, Estados Unidos) e a cidade de Tel Aviv (Israel). Aliás, Israel é considerado o paraíso das *startups*; para ratificar esta posição, ocupa segundo lugar (atrás da China) entre os países com maior em número de empresas na Nasdaq (a bolsa americana para empresas de tecnologia).

No Brasil, o polo tecnológico de Campinas, o parque tecnológico Porto Digital (Recife), o San Pedro Valley em Belo Horizonte, o Sapiens Parque em Florianópolis, o parque tecnológico da UPFA em Belém, dentre outros.

15.2 EXIGÊNCIAS DO MODELO STARTUP

Há necessidade de um paradigma gerencial para tratar das *startups*, e que leve em conta as particularidades da proposição de um produto inovador, ainda em consolidação, atrás até de identificar claramente quem são seus clientes.

Steve Blank & Bob Dorf (2014) apud Ferreira (2017) apontam que as empresas lançavam seus produtos no mercado, durante o século XX, seguindo modelo padrão de gestão de produto, composto das seguintes fases: conceito, desenvolvimento do produto, teste alfa/beta, lançamento da primeira versão. Na fase de concepção, clientes potenciais do produto são consultados para obter-se o "conceito" do produto que os clientes desejam. Esta abordagem não é aplicável às startups pelo fato de os clientes inexistirem, como também não há marca lastreada no mercado por trás do produto para sustentá-lo.

Não é difícil presumir que a mortalidade de startups (assim como acontece com microempresas) seja grande e a maioria delas desaparece depois de pouco tempo, em vista de não conseguirem reunir a clientela que as tornem lucrativas. Eric Ries (2012) apud Ferreira (2017) afirma que, para um caso de sucesso, há inúmeros registros de fracasso.

15.3 DEFINIÇÃO DE STARTUP

Steve Blank & Bob Dorf (2014) *apud* Ferreira (2017) afirmam que *startup* é uma empresa que ainda se encontra em busca de um modelo de negócio que seja viável, repetível e escalável. Eles acrescentam ainda como característica – ser inovadora; mas não só inovadora, que seja disruptiva, ou seja, que provoque ruptura de padrões, modelos ou tecnologias estabelecidas no mercado. As incertezas normalmente associadas às startups são: existem clientes para o produto em número que o torne lucrativo, o modelo em si é lucrativo, o modelo é repetível facilmente.

15.4 STARTUPS E APLICATIVOS MÓVEIS

A expansão dos dispositivos móveis em decorrência da evolução tecnológica fez com que houvesse a consolidação das plataformas móveis. Isto tem propiciado que as organizações busquem ferramentas de apoio estratégico a seus negócios por meio desta plataforma.

Dentre as diversas aplicações que alcançaram enorme sucesso nesta plataforma, citam-se: Uber, Waze, Instagram, WhatsApp, NuBank (Ferreira, 2017).

15.5 STARTUPS BRASILEIRAS DE SUCESSO

Easy Taxi, Skoob (rede social de leitores), Hotmart (plataforma de produtos digitais), Méliuz (clube de viagens), OrçaFascio (orçamentação de obras de construção), dentre muitas outras.

Informação adicionais a respeito da *startup* OrçaFascio, extraídas de entrevista que os idealizadores concederam ao site Projetodraft.com (Dalmolin, 2017): pude acompanhar desde o início há seis anos as várias etapas por que passou a empresa, administrada por Antonio Fascio e Fábio Santos; eu os conheci na Faculdade Atual, em Macapá/AP, e reconheci desde logo que chegariam longe com seus sonhos (e a com a capacidade de realizá-los) e devido à excelência de seu produto.

Hoje, o OrçaFascio é o maior site de orçamentação de obras de construção civil do país, com 47 mil usuários cadastrados; a taxa de crescimento é de 135% ao ano. Dentre os clientes da OrçaFascio, incluem-se instituições de grande porte e reconhecidas nacionalmente, como Infraero, Embrapa, Sabesp, Exército Brasileiro. A startup já tem parceiros que comercializam sua tecnologia em Angola, Portugal e Estados Unidos. Há previsão de abrir escritório no Canadá em 2018.

O próximo Capítulo aborda a criação e o funcionamento de empresas juniores no âmbito dos cursos superiores, como instrumento de capacitação e de formação de futuros empreendedores. Particularmente, isto tornou-se atrativo no âmbito das instituições federais de ensino a partir da promulgação da lei nº 13.267, que regulamenta o funcionamento das empresas juniores neste ambiente.

16. EMPRESA JÚNIOR

Com base em documento da CONEJ (Comissão Nacional de Empresas Juniores), a Empresa Júnior é definida como uma associação civil, sem fins lucrativos, constituída exclusivamente por alunos de graduação de instituições de ensino superior, que tem como objetivo desenvolver estudos para empresas privadas, organizações públicas e para a sociedade em geral, na sua área de atuação específica, sob a supervisão de professores orientadores designados pela coordenação dos cursos.

16.1 MISSÃO DA EMPRESA JÚNIOR

A missão da Empresa Júnior é criar a cultura empreendedora no âmbito das instituições de ensino superior brasileiras, visando à formação de lideranças empresariais, que atuem com ética, espírito empreendedor, profissionalismo, inovação e responsabilidade social.

16.2 OBJETIVOS DA EMPRESA JÚNIOR

Os objetivos da empresa júnior são:

– Desenvolver o espírito empreendedor, crítico e analítico do aluno participante;

– Complementar a formação teórica e prática do aluno, além de possibilitar experiência com a gestão de empresas;

– Facilitar a inserção do profissional no mercado de trabalho;

– Formar lideranças empresariais;

A empresa júnior é vinculada a um curso superior; os grandes beneficiários da empresa são os alunos pertencentes ao curso. Este benefício advém da busca do aprimoramento pessoal, acadêmico e profissional, por meio dos estudos e dos trabalhos desenvolvidos pela empresa.

A complementação da formação acadêmica do estudante se dá de várias formas: aquisição de experiência em administração empresarial, exercitando as atividades típicas da função gerencial; organização do trabalho em equipe; prática de delegação de responsabilidades; negociação com clientes, patrocinadores, fornecedores, parceiros; treinamento em atividades práticas nas áreas financeiras e contábeis; participação em tomada de decisão acerca da política de imagem da empresa e da prospecção de negócios; contato direto com problemas e situações da realidade empresarial.

16.3 LEI nº 13.267, DE 06/04/2016

Uma dificuldade que a iniciativa pioneira de criação de empresas juniores no âmbito de instituições federais de ensino enfrentou foi como fazer o controle interno do seu funcionamento, em especial no que tangia à arrecadação de recursos pelas atividades desenvolvidas, à forma como estes recursos seriam aplicados e a correspondente prestação de contas dos recursos.

Com a promulgação da lei nº 13.267, de 06/04/2016, estas questões ficaram resolvidas, pois a lei "disciplina a criação e a organização das associações denominadas empresas juniores, com funcionamento perante instituições de ensino superior".

A lei estabelece que a empresa é formada exclusivamente por universitários regularmente matriculados, sem vinculação partidária. O trabalho desenvolvido pelos membros participantes é voluntário, sem remuneração. Os projetos executados pela empresa devem contribuir para o desenvolvimento acadêmico e profissional dos membros.

Os recursos obtidos por meio dos serviços prestados pela empresa júnior devem ser aplicados na sua manutenção.

A despeito da existência da legislação que disciplina o funcionamento da empresa júnior, as coordenações de faculdades das instituições superiores precisam estar convencidas da importância da existência da empresa como instrumento complementar de formação acadêmica para o grupo de alunos que tenham disponibilidade de participação e interesse na atividade gerencial. É certo que os centros acadêmicos têm papel importante em conduzir os pleitos dos estudantes perante os colegiados das faculdades e dos institutos.

CONCLUSÃO

Quem chegou neste ponto, constatou que este livro é um roteiro de tópicos de interesse de quem deseja empreender. Os assuntos são listados e brevemente apresentados, de modo que o aspirante a empreendedor possa fazer o seu estudo preparatório para a função. A partir daqui, ele pode reunir a bibliografia para aprofundar estes pontos.

Enquanto ministrei a disciplina de empreendedorismo, recolhi os assuntos que me pareciam relevantes para ciência do empreendedor. A experiência adquirida nos cargos gerenciais e, principalmente, com a participação em todas as etapas, desde a criação, depois a implantação, até a consolidação de uma empresa privada, me permitiram enriquecer a lista que foi incluída neste livro. Com o compartilhamento destas informações, espero que sejam úteis para os interessados.

Logo adiante, há uma relação de questões para reflexão do empreendedor.

Como palavra final, apresento agradecimentos aos que chegaram até aqui, e informo que são bem-vindas (e já agradeço) as críticas, os comentários, as sugestões que possam aprimorar a obra. Enviar para abf@ufpa.br.

Grande abraço!

Alfredo Braga Furtado.

REFERÊNCIAS

ALBUQUERQUE, Daniela. *Programas 5S e 8S: diferenças e aplicações*. 2010. Disponível em www.certificacaoiso.com.br. Acesso em 20/9/2017.

BARKER, Joel Arthur. Vídeo *"A Visão do Futuro"*. São Paulo: Siamar, 2002.

BERMÚDEZ, Ana Carla. *Dez universidades brasileiras deixam ranking das mil melhores; 4 entram*. Disponível em folha.uol.com.br. Acesso em 5/9/2017.

BOLSON, Eder Luiz. *Quarenta Causas de Fracasso nos Negócios*. Disponível em: http://www.administradores.com.br/artigos/carreira/quarenta-causas-de-fracasso-nos-negocios/908/. Acesso em 25/9/2016.

BOM ANGELO, E. *Empreendedor Corporativo: a nova postura de quem faz a diferença*. Rio de Janeiro: Campus, 2003.

CAVALLINI, Marta. *Nova lei trabalhista entra em vigor no sábado; veja as principais mudanças*. 10/11/2017. Disponível em: g1.globo.com. Acesso em 02/07/2018.

CANZIAN, Fernando. *Brasil precisa de mais Abertura e Capitalismo, não de menos*. 12/7/2018. Disponível em: www.folha.uol.com.br. Acesso em 12/7/2018.

D´AMORE, Bruno. *Elementos de Didática da Matemática*. São Paulo: Livraria da Física, 2007.

DALMOLIN, Luana. *Como os Amapaenses da OrçaFascio criaram a maior Plataforma de Orçamento de Obras do País*. 26/12/2017. Disponível em: projetodraft.com. Acesso em 05/07/2018.

DE MASI, Domenico. *O Ócio Criativo*. Rio de Janeiro: Sextante, 2000a.

DE MASI, Domenico. *O Futuro do Trabalho: Fadiga e Ócio na Sociedade Pós-industrial*. Rio de Janeiro: José Olympio, 2000b.

DE MASI, Domenico. *Criatividade e Grupos Criativos*. Rio de Janeiro: Sextante, 2003.

DORNELAS, José Carlos Assis. *Empreendedorismo Corporativo: Como Ser Empreendedor, Inovar e se Diferenciar em Organizações Estabelecidas*. Rio de Janeiro: Elsevier, 2003.

DORNELAS, José Carlos Assis. *Empreendedorismo: Transformando Ideias em Negócios*. Rio de Janeiro: Campus, 2001.

DOLABELA, Fernando. *O segredo de Luísa*. São Paulo: Cultura Editores Associados, 1999.

DOLABELA, Fernando. *Oficina do Empreendedor*. Rio de Janeiro: Sextante, 2008.

FERRARI, R. *Empreendedorismo para Computação: Criando Negócios de Tecnologia*. Rio de Janeiro: Elsevier, 2010.

FERREIRA, Paulo Weskley de Almeida. *Meta-startup: uma Metodologia para o Desenvolvimento de Startups*. 2017. 127f. Monografia. Orientador: Alfredo Braga Furtado. (Curso de Bacharelado em Sistemas de Informação) – Instituto de Ciências Exatas e Naturais, Universidade Federal do Pará, Belém.

FUKUYAMA, Francis. *O Fim da História e o Último Homem*. Rio de Janeiro: Rocco, 1992.

FURTADO, A. B. *Avaliação do Uso de Tecnologias Digitais no Apoio ao Processo de Modelagem Matemática*. 2014. 186f. Tese (Doutorado em Educação Matemática) – Instituto de Educação Matemática e Científica – Universidade Federal do Pará, Belém.

FURTADO, Alfredo Braga. *Páginas Recolhidas: Política, Educação, Administração, Artigos, Valores, Crônicas e Outros Temas*. Belém: abfurtado.com.br, 2009.

FURTADO, Alfredo Braga. *Casos e Percepções de um Professor*. Belém: abfurtado.com.br, 2016.

FURTADO, Alfredo Braga. *Outros Casos e Percepções*. Belém: abfurtado.com.br, 2018a.

FURTADO, Alfredo Braga. *Um Pouco da Minha Vida: Novos Casos e Percepções*. Belém: abfurtado.com.br, 2018b.

FURTADO, Alfredo Braga. *Para Ensinar Melhor*. Belém: abfurtado.com.br, 2018c.

GIANNETTI, Eduardo. Vídeo "*O Valor do Amanhã*". Disponível em: https://www.youtube.com/watch?v=4vYB0rgnzoU. Postado em 07/6/2015. Acesso em 11/07/2018.

HALFELD, Mauro. *Investimentos: como administrar melhor seu dinheiro*. São Paulo: Ed. Fundamento Educacional, 2001.

HELDMAN, Kim. *Gerência de Projetos: Guia para o Exame Oficial do PMI*. Rio de Janeiro: Elsevier, 2006.

HOUAISS, Antônio; VILLAR, Mauro de Sales. *Dicionário Houaiss da Língua Portuguesa*. Rio de Janeiro: Objetiva, 2009.

IBGE. *Informalidade Aumenta e Continua a Reduzir o Desemprego. 31/10/2017. Disponível em: agenciadenoticias.ibge.gov.br. Acesso em 02/03/2018.*

KHAN, Salman. *Um Mundo, Uma Escola*. Rio de Janeiro: Intrínseca, 2013.

KIYOSAKI, Robert T. & LECHTER, Sharon L. *Pai Rico, Pai Pobre: o que os Ricos ensinam a seus Filhos sobre Dinheiro*. 40ª ed. Rio de Janeiro: Campus, 2000.

KUHN, Thomas S. *A Estrutura das Revoluções Científicas*. 9ª ed. São Paulo: Perspectiva, 2009. (Coleção Debates)

MAÑAS, Antonio Vico. *Administração da Informática*. São Paulo: Érica, 1994.

MARTINS, José Pio. *Educação Financeira ao Alcance de Todos: Adquirindo Conhecimentos Financeiros em Linguagem Simples*. São Paulo: Fundamento Educacional, 2004.

MAXIMIANO, Antonio Cesar Amaru. *Administração para Empreendedores: Fundamentos da Criação e da Gestão de Novos Negócios*. São Paulo: Pearson Prentice Hall, 2006.

MINARELLI, José A. *Trabalhar por Conta Própria: uma Opção que Pode Dar Certo*. São Paulo: Gente, 2001.

OLIVEIRA JR, Ivan dos Santos. *Computador quântico já está chegando e vai levar tecnologia a uma nova era*. Disponível em:

www.folha.uol.com.br. Acesso em 04/11/2017.

PARKINSON, Cyril Northcote. *A Lei de Parkinson*. Rio de Janeiro: Nova Fronteira, 2008.

PEREIRA, G. M. G. *A Energia do Dinheiro: como fazer Dinheiro e desfrutar dele*. 3ª ed. Rio de Janeiro: Elsevier, 2003.

PEREIRA, G. M. G. *As Personalidades do Dinheiro: Como Lidar com Dinheiro de Acordo com o seu Estilo Pessoal*. Rio de Janeiro: Elsevier, 2005.

PHILLIPS, Joseph. *PMP Project Management Professional: Guia de Estudo*. Rio de Janeiro: Elsevier, 2004.

RECUERO, R. *Redes Sociais na Internet*. Porto Alegre: Sulina, 2009 (Coleção Cibercultura).

SCHWARTSMAN, Sérgio. *As Principais Mudanças Trazidas pela Reforma Trabalhista*. 04/08/2017. Disponível em: http://www.chumbogordo.com.br. Acesso em 13/07/2018.

SEMLER, Ricardo. *Você está louco! Uma Vida Administrada de Outra Forma*. Rio de Janeiro: Rocco, 2006. (Administração & Negócios).

UFPA. *Plano de Desenvolvimento Institucional 2016-2025*. Disponível em: https://www.portal.ufpa.br/. Acesso em 02/9/2017.

UNIVERSITEC. *Como incubar*. Disponível em: http://universitec.ufpa.br/incubadora-piebt/como-incubar/. Acesso em 1º/10/2017.

QUESTÕES FINAIS

1) Que obstáculos você visualiza hoje (e ainda mais para o futuro) para o emprego formal? Que alternativas de ocupação profissional você contrapõe ao emprego? Explique.

Resposta: as empresas buscam cada vez mais racionalizar seus processos, investindo em tecnologias que assegurem redução dos custos e automação de processos (veja-se o caso dos bancos, por exemplo), de modo que sua competitividade seja preservada e sua lucratividade aumentada. São comuns os processos de reengenharia que reduzem os quadros de empregados. Outro obstáculo é o custo dos encargos da mão-de-obra (acarretados pela CLT e pela Constituição de 1988 e pela legislação complementar), que superam o valor da remuneração, fazendo com que, para a empresa, o custo de manter um empregado seja duplicado. Isto faz com que os índices de aumento de emprego formal não consigam acompanhar a entrada da mão-de-obra no mercado. Uma alternativa ao emprego é o empreendedorismo (negócio) ou a participação em cooperativas ou ainda trabalhar por conta própria (autônomo), oferecendo algum serviço de que pessoas/empresas precisem. Estas duas formas de atuação exigem, porém, preparação especial e planejamento por parte do profissional.

2) No seu julgamento, quais são os mais importantes sustentáculos (garantidores da sobrevivência, garantidores do fortalecimento) de um negócio? Explicite-os detalhadamente.

Resposta: qualidade total de produtos e serviços oferecidos; estratégias de *marketing* efetivas; valorização do pessoal (treinamento, gratificações, bom ambiente de trabalho – iluminação, refrigeração, mobiliário, etc.); inovação; planejamento e controle.

3) Um dos conceitos mais importantes apresentados na disciplina é a "visão de futuro". Explique o conceito e apresente as razões por que este conceito merece esta avaliação (sua grande importância).

Resposta: visão de futuro é imaginar algo significativo para realizar e trabalhar esforçadamente no sentido de concretizar; a visão pode exigir a adesão de pessoas que se convençam da sua importância e aceitem trabalhar para realizá-la. A importância do conceito reside no fato de que para alcançá-la é necessário anos de trabalho, muita persistência e estudo sistemático.

4) Por que a construção de negócios de sucesso não é previsível?

Resposta: a) é da própria natureza dos mercados competitivos não haver previsibilidade de sucesso, pois as empresas que fossem previsíveis seriam derrotadas facilmente. Por isso, toda empresa tem interesse intrínseco em comportar-se de maneira altamente imprevisível; b) é o desafio computacional associado a qualquer sistema com grande número de possíveis resultados; c) baseado na teoria da complexidade, segundo a qual mesmo sistemas plenamente determinados que não superam nossas capacidades computacionais ainda são capazes de gerar resultados extremamente aleatórios.

5) Como se pode avaliar que é o momento certo de se desfazer de um negócio estabelecido?

Resposta: Vários fatores têm que ser considerados para a tomada de decisão: a) faturamento da empresa – declinante – a despeito de esforços realizados; b) esforços no sentido de reduzir os custos da empresa – ao seu ponto mínimo possível; c) esforços infrutíferos para aumentar a clientela; d) analisando-se os investimentos feitos na empresa (principalmente, o que foi imobilizado – imóveis, veículos, equipamentos, mobiliário, etc), com resultados obtidos inferiores ao que se obtém com aplicações financeiras tradicionais, denotando que se caminha na direção de perda do valor investido. Não esquecer que os bens de uma empresa – em especial, veículos, equipamentos e mobiliário – sofrem depreciação ao longo do tempo.

6) O plano de negócios, mais do que um documento de elaboração das ações de implementação de um novo empreendimento, serve como documento que estabelece o relacionamento entre empreendedores e investidores. O conhecimento de características dos atores envolvidos nessa relação interfere diretamente na elaboração do plano de negócios. *Considerando os papéis do empreendedor, do investidor e de conceitos de fatores envolvidos na elaboração do plano de negócios, assinale a opção correta.*
(A) O verdadeiro empreendedor cria um negócio diante de uma oportunidade e procura, o mais breve possível, vendê-lo para um grupo de investidores.
(B) Investidores inteligentes consideram, ao analisar onde investir, que projeções financeiras mês a mês para um período maior que um ano constituem um dos fatores que garante o sucesso de um novo empreendimento.
(C) O empreendedor é uma pessoa à procura de riscos, que diante de uma nova oportunidade de empreendimento transfere todos os riscos para si.
(D) As pessoas, as oportunidades, o contexto e as possibilidades de riscos e recompensas são quatro fatores fundamentais, que devem ser considerados para o sucesso de um novo empreendimento.
(E) Um plano de negócios deve ser criado seguindo uma fórmula de sucesso preestabelecida apresentada em livros da área de administração e implementada em aplicativos.

7) Você foi chamado para opinar sobre a formulação de um roteiro de temas para formação de empreendedores. Apresente sua proposta, justificando a razão da inclusão de cada item.

RESPOSTA: como as demais, a questão é aberta. Tópicos que poderiam ser sugeridos: liderança, habilidade de organização, administração de pessoal, rede de relacionamentos, marketing, qualidade de produtos e serviços, educação financeira, atenção a novos paradigmas da área de atuação, visão de futuro, planejamento, dentre outros.

8) Que obstáculos você visualiza hoje (e ainda mais para o futuro) para o emprego formal? Que alternativas contrapor ao emprego? Explique.

Resposta: as empresas buscam cada vez mais racionalizar seus processos, investindo em tecnologias que assegurem redução de custos e automação de processos (veja-se o caso dos bancos, por exemplo), de modo que sua competitividade seja preservada e sua lucratividade aumentada. São comuns os processos de reengenharia que reduzem os quadros de empregados. Outro obstáculo é o custo dos encargos da mão-de-obra (acarretados pela CLT e pela Constituição de 1988 e pela legislação complementar), que superam o valor da remuneração, fazendo com que, para a empresa, o custo de manter um empregado seja duplicado. Isto faz com que os índices de aumento de emprego formal não consigam acompanhar a entrada da mão-de-obra no mercado. Uma alternativa ao emprego é o empreendedorismo (negócio) ou a participação em cooperativas ou ainda trabalhar por conta própria (autônomo), oferecendo algum serviço de que pessoas/empresas precisem. Estas duas formas de atuação exigem, porém, preparação especial e planejamento por parte do profissional.

9) No seu julgamento, quais são os mais importantes sustentáculos (garantidores da sobrevivência, garantidores do fortalecimento) de um negócio? Explicite-os detalhadamente.

Resposta: qualidade total de produtos e serviços oferecidos; estratégias de *marketing* efetivas; valorização do pessoal (treinamento, gratificações, bom ambiente de trabalho – iluminação, refrigeração, mobiliário, etc.); inovação; planejamento e controle.

10) Um dos conceitos mais importantes apresentados na disciplina é a "visão de futuro". Explique o conceito e apresente as razões por que este conceito merece esta avaliação (sua grande importância).

Resposta: visão de futuro é imaginar algo significativo para realizar e trabalhar esforçadamente no sentido de concretizar; a visão pode exigir a adesão de pessoas que se convençam da sua importância e aceitem trabalhar para realizá-la. A importância do conceito reside no fato de que para alcançá-la é necessário anos de trabalho, muita persistência e estudo sistemático.

11) Por que a construção de negócios de sucesso não é previsível?

Resposta: a) é da própria natureza dos mercados competitivos não haver previsibilidade de sucesso, pois as empresas que fossem previsíveis seriam derrotadas facilmente. Por isso, toda empresa tem interesse intrínseco em comportar-se de maneira altamente imprevisível; b) é o desafio computacional associado a qualquer sistema com grande número de possíveis resultados; c) baseado na teoria da complexidade, segundo a qual mesmo sistemas plenamente determinados que não superam nossas capacidades computacionais ainda são capazes de gerar resultados extremamente aleatórios.

12) A invenção de uma tecnologia pode ter efeitos profundos e inesperados em outras tecnologias aparentemente não relacionadas, em empresas comerciais, nas pessoas e até na cultura como um todo. Esse fenômeno é frequentemente chamado de *"lei das consequências não pretendidas"*.
     Exemplos:

a) Na década de 1950, ninguém poderia prever que o software se tornaria uma tecnologia indispensável para negócios, ciência e engenharia;
b) Com o software, novas tecnologias foram criadas (por exemplo, a engenharia genética);
c) A extensão de tecnologias existentes com o uso do software (por exemplo, a área de telecomunicações);
d) O declínio de antigas tecnologias (por exemplo, a indústria tipográfica);
e) A rede mundial de computadores (Internet) ainda vai evoluir e modificar tudo; veja-se a repercussão na pesquisa em bibliotecas, os projetos do *Google* em associação com universidades americanas e europeias para digitalização de seus acervos e o que vai ocorrer com a pesquisa de conhecimento.

Ninguém poderia prever que o software estaria embutido em sistemas de toda espécie: transporte, medicina, telecomunicações, militar, industrial, entretenimento, máquinas de escritório – uma lista sem fim.

Dê pelo menos cinco exemplos adicionais de como a *"lei de consequências não pretendidas"* se aplica à nossa área de atuação (desenvolvimento de software).

13) Nos últimos anos, a despeito de não ter ocorrido nenhuma grande crise que tivesse impacto mundial e que se refletisse no Brasil, nosso país vive período de recessão com queda do Produto Interno Bruto (PIB), e reflexos no nível de emprego (desemprego recorde), e no fechamento de empresas. Muitas das mazelas que justificam a situação atual estão relacionadas às dificuldades para empreender no Brasil.

Cite pelo menos cinco dificuldades presentes em nosso País que impedem ou dificultam o desenvolvimento das empresas brasileiras e, em especial, que possam garantir a sustentação e o fortalecimento dos novos negócios.

14) Foram mostrados os seguintes conceitos: "visão de futuro", "paradigma", "nicho de mercado", "espírito empreendedor", "networking", "criatividade", "inovação", "plano de negócio", "marketing".
Escreva um texto, em que apareçam estas palavras de forma articulada, reforçando a importância da cultura empreendedora, em face da realidade que vivemos.

APÊNDICE A. MINUTA DE CONTRATO DE PRESTAÇÃO DE SERVIÇO PARA SUPORTE DE SOFTWARE.

IDENTIFICAÇÃO DAS PARTES CONTRATANTES

CONTRATANTE: (Nome do Contratante), com sede em (xxx), na Rua (xxx), n° (xxx), bairro (xxx), Cep (xxx), no Estado (xxx), inscrita no C.N.P.J. sob o n° (xxx), e no Cadastro Estadual sob o n° (xxx), neste ato representada pelo seu diretor (xxx), (Nacionalidade), (Estado Civil), (Profissão), Carteira de Identidade n° (xxx), C.P.F. n° (xxx), residente e domiciliado na Rua (xxx), n° (xxx), bairro (xxx), Cep (xxx), no Estado (xxx).

CONTRATADA: (Nome da Contratada), com sede em (xxx), na Rua (xxx), n° (xxx), bairro (xxx), Cep (xxx), no Estado (xxx), inscrita no C.N.P.J. sob o n° (xxx), e no Cadastro Estadual sob o n° (xxx), neste ato representada pelo seu diretor (xxx), (Nacionalidade), (Estado Civil), (Profissão), Carteira de Identidade n° (xxx), C.P.F. n° (xxx), residente e domiciliado na Rua (xxx), n° (xxx), bairro (xxx), Cep (xxx), no Estado (xxx).

As partes acima identificadas têm, entre si, justo e acertado o presente Contrato de Prestação de Serviço para Suporte de Software, que se regerá pelas cláusulas seguintes e pelas condições de pagamento descritas no presente.

DO OBJETO DO CONTRATO

Cláusula 1ª. O presente instrumento tem como objeto a prestação de serviços de suporte em informática do Software (xxx) (Nome do Software).

DO SUPORTE

Cláusula 2ª. O suporte do Software (xxx) cobrirá eventuais necessidades por parte da CONTRATANTE na instalação de software, reinstalação, atualização, configuração, customização e ainda (enumerar todas as atividades que serão realizadas pelo suporte).

DAS OBRIGAÇÕES DA CONTRATADA

Cláusula 3ª. Será disponibilizado para a prestação do suporte *in loco* o funcionário da CONTRATADA: (Nome do Funcionário), (Profissão do Funcionário), Carteira de Identidade nº (xxx), C.P.F. nº (xxx), que prestará o serviço (xxx) dias por semana, (xxx) horas por dia, iniciando sua jornada às (xxx) horas e finalizando às (xxx) horas.

DAS OBRIGAÇÕES DA CONTRATANTE

Cláusula 4ª. A CONTRATANTE compromete-se em manter à disposição da CONTRATADA todos os meios necessários para execução dos serviços, ou seja, livre acesso aos equipamentos, energia elétrica, iluminação, local adequado e ainda possuir equipamentos compatíveis para o correto funcionamento do Software (xxx).

DO VALOR E FORMA DE PAGAMENTO

Cláusula 5ª. A CONTRATANTE pagará à CONTRATADA o valor mensal de R$ (xxx) (valor por extenso) pelo serviço prestado, devendo o valor ser depositado em nome da CONTRATADA, no Banco (xxx), Agência (xxx), Conta Corrente nº (xxx).

Parágrafo único. A primeira mensalidade deverá ser paga no ato da assinatura deste contrato, e as demais a cada dia 5 de cada mês. Em caso de atraso, será aplicada multa de 2% (dois por cento) acrescida de juros diários de 0,35% (zero vírgula trinta e cinco por cento) sobre o valor da mensalidade. Caso a correção monetária venha ser superior aos juros aqui especificados, esta substituirá os mesmos no cálculo do valor devido pela CONTRATANTE para a CONTRATADA.

DO PRAZO

Cláusula 6ª. A execução plena da prestação de serviço se fará por período de um ano (doze meses), contados a partir da data de assinatura deste contrato.

Parágrafo único. Na hipótese de renovação, o valor do pagamento será corrigido pela correção monetária apurada no último período anual de vigência deste instrumento, calculada com base na evolução do Índice Geral de Preços de Mercado (IGP-M), da Fundação Getúlio Vargas, ou em caso de este se tornar inaplicável em virtude de disposição legal, será aplicado o que o estiver substituindo segundo regulamentação legal.

DA RESCISÃO

Cláusula 7ª. O contrato poderá ser rescindido por ambas as partes, cabendo à parte que ocasionou o rompimento do mesmo, o pagamento de multa rescisória, fixada em uma mensalidade, à outra parte.

DOS CASOS OMISSOS

Cláusula 8ª. Os casos omissos serão resolvidos de comum acordo, mediante reunião das partes para tal finalidade, devendo ser elaborado termo aditivo a este contrato e assinado pelas partes contratantes.

DO FORO

Cláusula 9ª. Para dirimir quaisquer controvérsias oriundas do presente contrato, as partes elegem o foro da comarca de (xxx);
Por estarem assim justos e contratados, firmam o presente instrumento, em duas vias de igual teor, juntamente com 2 (duas) testemunhas.

(Local, data e ano).

(Nome e assinatura do Representante legal da Contratante)

(Nome e assinatura do Representante legal da Contratada)

(Nome, RG e assinatura da Testemunha 1)

(Nome, RG e assinatura da Testemunha 2)

APÊNDICE B. MINUTA DE CONTRATO DE LICENÇA DE USO E PRESTAÇÃO DE SERVIÇOS DE SOFTWARE.

IDENTIFICAÇÃO DAS PARTES CONTRATANTES

CONTRATANTE: (Nome do Contratante), com sede em (xxx), na Rua (xxx), nº (xxx), bairro (xxx), Cep (xxx), no Estado (xxx), inscrita no C.N.P.J. sob o nº (xxx), e no Cadastro Estadual sob o nº (xxx), neste ato representada pelo seu diretor (xxx), (Nacionalidade), (Estado Civil), (Profissão), Carteira de Identidade nº (xxx), C.P.F. nº (xxx), residente e domiciliado na Rua (xxx), nº (xxx), bairro (xxx), Cep (xxx), no Estado (xxx).

CONTRATADA: (Nome da Contratada), com sede em (xxx), na Rua (xxx), nº (xxx), bairro (xxx), Cep (xxx), no Estado (xxx), inscrita no C.N.P.J. sob o nº (xxx), e no Cadastro Estadual sob o nº (xxx), neste ato representada pelo seu diretor (xxx), (Nacionalidade), (Estado Civil), (Profissão), Carteira de Identidade nº (xxx), C.P.F. nº (xxx), residente e domiciliado na Rua (xxx), nº (xxx), bairro (xxx), Cep (xxx), no Estado (xxx).

As partes acima identificadas têm, entre si, justo e acertado o presente Contrato de Licença de Uso e Prestação de Serviços de Software, que se regerá pelas cláusulas seguintes e pelas condições de pagamento descritas no presente.

DO OBJETO DO CONTRATO

Cláusula 1ª. O presente instrumento tem como objeto a licença de uso do Software (xxx) (Nome do Software), bem como a prestação de serviços de Software para a CONTRATANTE.

DA LICENÇA DE USO

Cláusula 2ª. A presente licença de uso do Software (xxx) (Nome do Software) terá os aspectos da irretratabilidade e da irrevogabilidade.

DA PRESTAÇÃO DE SERVIÇOS

Cláusula 3ª. A prestação de serviços de software compreenderá as seguintes atividades: (xxx) (Descrever pormenorizadamente, listando quais serão os serviços prestados pela Contratada).

DAS OBRIGAÇÕES DA CONTRATANTE

Cláusula 4ª. A CONTRATANTE se responsabiliza por fornecer todos os equipamentos necessários à CONTRATADA, a fim de que esta possa ter condições de realizar perfeitamente o serviço contratado, bem como hardware e software com a configuração fornecida pela CONTRATADA.

Cláusula 5ª. A CONTRATANTE assume a responsabilidade de contratar funcionários com os seguintes conhecimentos técnicos (xxx) (Descrever os programas que os funcionários devem saber operar), a fim de que possam operar o Software (xxx) (Nome do Software).

Cláusula 6ª. A CONTRATANTE se compromete também quanto aos termos do contrato de adesão apresentado na instalação do Software.

Cláusula 7ª. A CONTRATANTE se responsabilizará pelos problemas decorrentes do uso incorreto do Software (xxx) (Nome do Software).

DAS ATUALIZAÇÕES

Cláusula 8ª. Fica acertado entre as partes que a CONTRATADA poderá, sem interferência da CONTRATANTE, realizar todas as alterações que reconhecer como necessárias de uma versão para outra do Software (xxx) (Nome do Software).

DO VALOR E FORMA DE PAGAMENTO

Cláusula 9ª. A CONTRATANTE pagará à CONTRATADA, pela licença de uso do Software a quantia de R$ (xxx) (valor por extenso), da seguinte forma (xxx) (Mencionar se a quantia será paga em parcelas ou à vista e qual ou quais os dias de pagamento).

Cláusula 10ª. Pela prestação dos serviços de Software, a CONTRATANTE pagará à CONTRATADA a quantia mensal de R$ (xxx) (Valor por extenso), até o dia (xxx) de cada mês.

DA RESCISÃO

Cláusula 11ª. O presente instrumento poderá ser rescindido por qualquer das partes, devendo a outra parte ser avisada com 30 (trinta) dias de antecedência.

Cláusula 12ª. O contrato também poderá ser rescindido caso uma das partes descumpra o estabelecido nas cláusulas do presente instrumento, cabendo à parte que ocasionou o rompimento do mesmo, o pagamento de multa rescisória, fixada em (xxx)% do valor previsto na cláusula anterior, à outra parte.

DO PRAZO

Cláusula 13ª. O presente contrato terá prazo de (xxx), iniciando-se no dia (xxx), e terminando no dia (xxx).

DOS CASOS OMISSOS

Cláusula 14ª. Os casos omissos serão resolvidos de comum acordo, mediante reunião das partes para tal finalidade, devendo ser elaborado termo aditivo a este contrato e assinado pelas partes contratantes.

DAS CONDIÇÕES GERAIS

Cláusula 15ª. A CONTRATANTE autoriza a utilização de seu nome pela CONTRATADA, podendo esta apresentá-la como sua cliente em peças de propaganda.

DO FORO

Cláusula 16ª. Para dirimir quaisquer controvérsias oriundas do presente contrato, as partes elegem o foro da comarca de (xxx);

Por estarem assim justos e contratados, firmam o presente instrumento, em duas vias de igual teor, juntamente com 2 (duas) testemunhas.

(Local, data e ano).

(Nome e assinatura do Representante legal da Contratante)

(Nome e assinatura do Representante legal da Contratada)

(Nome, RG e assinatura da Testemunha 1)

(Nome, RG e assinatura da Testemunha 2)

www.ingramcontent.com/pod-product-compliance
Lightning Source LLC
Chambersburg PA
CBHW060157050426
42446CB00013B/2864